Inhalt

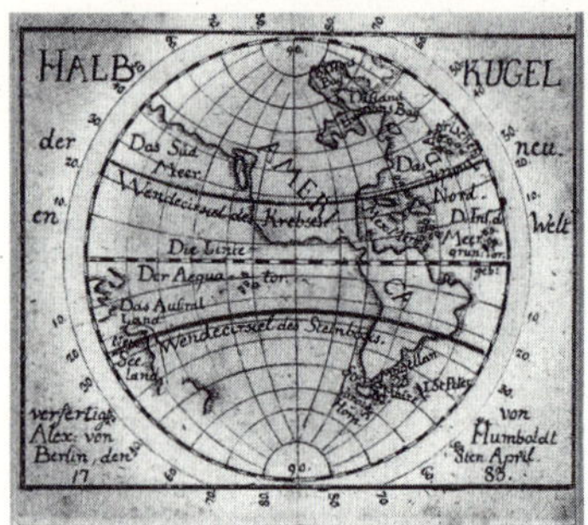

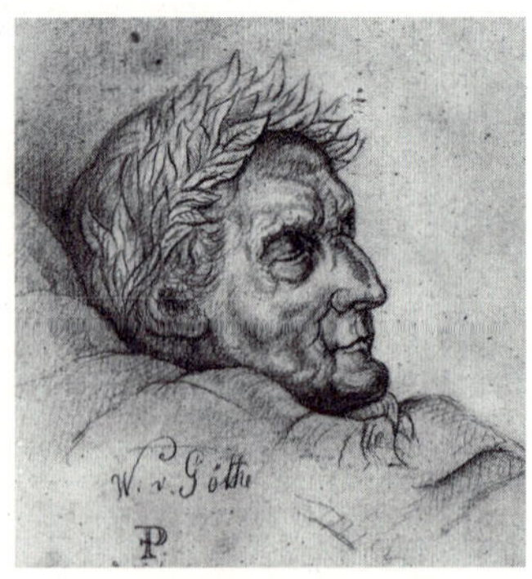

Lösungshinweise sind dem Heft beigelegt.
Überschriften, bei denen es sich nicht um Originaltitel handelt, sind mit ★ gekennzeichnet.

Sich der ganzen Seele bemächtigen

Erheben Sie sich über die Menge, und bereichern Sie, unzufrieden mit einem gemeinen Preis, unsre Litteratur durch Werke, die, anstatt nur auf einen Augenblick zu ergötzen, sich der ganzen Seele des Lesers bemächtigen, alle Organen seiner Empfindung ins Spiel setzen, seine Einbildungskraft erwärmen, bezaubern, und in ununterbrochner Täuschung erhalten, seinem Geiste Nahrung und seinem Herzen den so süßen Genuß seiner besten Gefühle, seines moralischen Sinnes, seiner Teilnehmung an Andrer Leiden und Freuden, seiner Bewunderung für alles was edel, schön und groß in der Menschheit ist, gewähren […]
(Chr. M. Wieland)

Diese Zeilen in Wielands *Briefe(n) an einen jungen Dichter* (1782–84) enthalten sehr viel Charakteristisches für die Epoche der Weimarer Klassik. Wie kaum eine andere Epoche der Literaturgeschichte strebte die Weimarer Klassik nach Universalität. Kunst, Literatur und Philosophie waren untrennbar verbunden mit Naturwissenschaft und gar mit Politik; und das erklärte Ziel der Literatur war es, den Menschen wieder auf den Weg zu einer längst verlorenen Ganzheit aus Gefühl, Verstand, Wissen und Erfahrung zurückzubringen.

Dies bedeutet für eine Darstellung der Epoche, dass konsequenterweise nicht nur literarische Themen und Werke angesprochen werden, sondern auch deren Umfeld und das der Dichter. Gerade die frühen Weimarer Texte Goethes sind z. B. nicht ohne seinen ganz privaten Hintergrund als Bürger Weimars verständlich und so ist es unabdingbar, auf einige biografische Zusammenhänge hinzuweisen – womit jedoch nicht der Eindruck vermittelt werden soll, diese Texte wären nichts anderes als dichterische Abbilder biografischer Zusammenhänge. Eine derartige Betrachtungsweise würde die Dichtung natürlich in völlig unakzeptabler Weise verkürzen. Dennoch: Wer z. B. die Beziehung Goethes zu Frau von Stein oder Christiane Vulpius kennt, versteht viele Details in einigen seiner Gedichte besser. Und nur wer informiert ist über das naturwissenschaftliche Weltbild der Zeit kann die Grundlagen der Weimarer Klassik verstehen.

Eine neue Konzeption von Literaturgeschichte

„Lehrbücher sollen anlockend sein; das werden sie nur, wenn sie die heiterste, zugänglichste Seite des Wissens und der Wissenschaft hinbieten" (Goethe, Maximen und Reflexionen, 459).

Diese Forderung nimmt die Reihe „Arbeitshefte zur Literaturgeschichte" ernst: Neben zahlreichen Texten der jeweiligen Epoche und theoretischen Überlegungen der Zeitgenossen, wie sie sich in allen herkömmlichen Büchern zur Literaturgeschichte finden, werden in diesen Heften zusätzlich interessante Einblicke in die Kultur- und Sozialgeschichte der Zeit vermittelt. Und mehr noch: Das Heft wurde ganz bewusst als Arbeitsheft und nicht als reine Textsammlung angelegt. Wir möchten, dass unsere Leserinnen und Leser mehr tun als nur zu lesen. Wer einen Text nicht nur liest, sondern an ihm arbeitet, dringt tiefer in ihn ein. Deshalb gibt es in diesem Heft auch kreative Aufgaben (sie sind durch eine Schreibfeder gekennzeichnet), die dazu auffordern, selbst tätig zu werden und den Text aus-, um- oder nachzugestalten. Und da dies ein Arbeitsheft ist, ist es auch erwünscht, darin z. B. Texte zu gliedern, Stellen zu markieren oder Bemerkungen an den Rand zu schreiben. Diejenigen Aufgaben, die den Leserinnen und Lesern zeigen sollen, wie man am Text arbeitet, erkennt man an einem Bleistift. Und wenn man dann einen

Text erarbeitet hat, ist man auch sicher genug, eigene Gedanken dazu zu entwickeln, über die Texte und ihren Bezug zur Gegenwart zu diskutieren und Fragen dazu zu erörtern (dafür steht das „E"). Zum richtigen Lesen gehört aber auch, sich selbstständig weitergehend zu informieren und diese Informationen unter Umständen an andere in Form von Kurzreferaten weiterzugeben. Auch dafür gibt es einen Hinweis.

Zum Aufbau des Arbeitsheftes

Auch in Bezug auf seinen Aufbau will das Arbeitsheft dem Anspruch gerecht werden, nicht nur Informationen zu vermitteln, sondern auch Spaß an (älterer) Literatur zu wecken. So sind die Kapitel in drei Kategorien einzuteilen: Das Basiskapitel spricht die wichtigsten Themen der Epoche an, exemplarisch veranschaulicht an einigen kurzen und prägnanten Texten, die die Eigenart der Weimarer Klassik in besonderem Maße transparent machen.

Die zweite Kategorie bilden jene Kapitel, die die ersten ergänzen und vertiefen. Die Textauswahl erfolgte hier wie überhaupt im ganzen Arbeitsheft nach den Kriterien der Aussagekraft, Repräsentativität und Originalität. Dies ergibt eine Zusammenstellung, die neben Standardtexten auch weitgehend unbekannte Zeugnisse der Epoche berücksichtigt und so einen Gesamteindruck ermöglicht.

Im dritten Teil finden sich Texte zur Rezeption der Epoche und ein motivierendes Kapitel mit Rätseln, die sich allesamt auf Inhalte des Arbeitsheftes beziehen. Wer sie lösen kann, hat gründlich gelesen! Den Abschluss bildet eine ausführliche Literaturliste, die neben den im Arbeitsheft zitierten Werken besonders jene Titel nennt, die sich für den Schulgebrauch eignen.

Dem Arbeitsheft beigelegt ist ein Extrateil mit Lösungshinweisen. Diese entsprechen dem hierarchischen Aufbau des Arbeitsheftes. Zu den ersten Kapiteln werden noch detaillierte Lösungsvorschläge gemacht, die im Folgenden reduziert werden. Zu den letzten Kapiteln (mit Ausnahme des Rätsel-Kapitels) werden nur allgemein gehaltene Hinweise gegeben, denn hierzu wird vorausgesetzt, dass sich die Leserin bzw. der Leser schon so in die Epoche eingearbeitet hat, dass es keines ausführlichen Kommentars mehr bedarf.

Das Problem der Epochenbildung

Die Einteilung der Literatur einer Zeit in Strömungen und Epochen birgt das Problem in sich, dass Zusammengehörendes getrennt wird. Jede Art der Einteilung von Literaturgeschichte in Epochen hat etwas Vorläufiges und Unbefriedigendes, weil sie scharfe Grenzen vortäuscht, wo fast nahtlose Übergänge sind, und weil sie eventuelle Zusammenhänge zwischen den Epochen missachtet. Darüber hinaus erweckt das Postulat verschiedener Epochen häufig den Eindruck, diese lösten sich gegenseitig ab. Das Gleichzeitige des Unterschiedlichen wird damit vernachlässigt.

Andererseits gilt Voltaires Satz: „Jede Art des Schreibens ist erlaubt, nur nicht die langweilige" ganz besonders auch für Schulbücher wie dieses. Literaturgeschichte soll hier zunächst einmal übersichtlich und verständlich sein, wissenschaftlich fundiert, aber ohne akademische Schnörkel. Die Beschäftigung mit älterer Literatur soll Spaß machen, soll ihre Aktualität zeigen, sodass diese nicht als nutzloser Bildungsballast, sondern in ihrer Geschichtlichkeit als Teil und Voraussetzung heutiger Denk- und Lebensformen verstanden werden kann. Von diesen Überlegungen ausgehend, wird die herkömmliche Einteilung der deutschen Literaturgeschichte in Epochen zwar beibehalten, gleichwohl aber versucht, durch die Textauswahl die notwendigen Bezüge zwischen den Epochen, das Verbindende, herzustellen.

Man nannte Weimar das deutsche Athen

Warum eigentlich ist die Weimarer Klassik die mit Abstand bekannteste Epoche der deutschen Literaturgeschichte? Und was machte Goethe und Schiller zu den berühmtesten deutschen Dichtern? Warum wurde – und wird z. T. noch immer – eine literarische Epoche als Höhepunkt deutscher Geistesgeschichte gefeiert, die bei vordergründiger Betrachtung aus nur zwei Dichtern bestand? Was brachte diese Epoche Neues, was konnte sie überhaupt noch Neues bringen, angesichts der Tatsache, dass vor ihr bereits zwei so wichtige und gleichzeitig unterschiedliche Epochen wie die Aufklärung und der Sturm und Drang be-

Blick auf Weimar. Links das Haus der Frau von Stein. Aquarell von G. M. Kraus

gonnen hatten, die zum Beginn der Weimarer Klassik noch nicht einmal abgeschlossen waren?

Und schließlich: Woher kommt es, dass Weimar zu Lebzeiten Goethes und Schillers *der* kulturelle Mittelpunkt Deutschlands war, dessen Bekanntheitsgrad in ganz Europa seinesgleichen suchte?

Die letzte Frage ist am einfachsten zu beantworten: Weimar war ein Modell. Zum erstenmal war es möglich geworden, dass ein bürgerlicher Dichter – und überdies ein sehr berühmter und bis dato wenig angepasster – konkret in das politische Geschehen eines Landes eingriff und zusammen mit dem Adel regierte. Bürgertum und Adel in gemeinsamem Bemühen um eine gerechtere Regierung und darum, Kunst und Literatur neben den Staatsgeschäften zu ihrem Recht kommen zu lassen – das war unerhört neu, und das ganze bürgerliche Europa schaute auf diesen kleinen Staat, um zu sehen, ob hier nicht vielleicht die Keimzelle zu einer ganz neuen Art politischen und gesellschaftlichen Lebens jenseits der bislang so scharf gezogenen Klassenunterschiede liegen könne. Madame de Staël, eine zu jener Zeit berühmte französische Schriftstellerin, die sich von Ende 1803 bis März 1804 in Weimar aufhielt, schreibt dazu:

Man nannte Weimar das deutsche Athen, und in der Tat war es der einzige Ort, in dem das Interesse für die schönen Künste sozusagen national war und als verbrüderndes Band zwischen den verschiedenen Ständen diente. Ein aufgeklärter Hof suchte dort die Gesellschaft der Schriftsteller, und die Literatur gewann ungemein durch den Einfluß des guten Geschmacks, der an diesem Hof herrschte. Man konnte nach diesem kleinen Kreis die gute Wirkung beurteilen, die eine solche Mischung in Deutschland hervorbringen würde, wenn sie allgemein eingeführt wäre.

Letztendlich scheiterte das Modell oder es wurde zumindest von der gesellschaftlichen Entwicklung im beginnenden 19. Jahrhundert überholt. Umso erstaunlicher ist also, dass die Epoche dennoch später so verehrt wurde.

Die Gründe dafür sind sehr komplex. Zunächst ist festzustellen, dass es keine andere Epoche der deutschen Literaturgeschichte gibt, die je nach den gerade herrschenden politischen und gesellschaftlichen Bedingungen ideologisch so überfrachtet und ausgebeutet wurde wie die Weimarer Klassik. Nationalistisches und gar nationalsozialistisches Gedankengut ließ sich scheinbar genauso mit dem Hinweis auf das Kulturgut der Weimarer Klassik legitimieren wie sozialistisches oder bewusst unpolitisches. Und indirekt liegt die Ursache dafür im kulturellen Leben am Fürstenhof zu Weimar selbst: Im Zentrum dieser Kultur stand nämlich ein überzeitlicher und übernationaler Aspekt. Die Dichtung war von Weltbürgern für Weltbürger geschrieben und hatte sich zum Ziel gemacht, den einzelnen Menschen zu bilden, ihn zu sensibilisieren und so in die Lage zu versetzen, ein verantwortlicher Teil des Staatsganzen werden zu können – und zwar jeder nach seinen Neigungen und Fähigkeiten. Hinzu kommt eine nie zuvor in der Literatur dagewesene Universalität des Geistes. Die Kultur Weimars war keineswegs auf Kunst und Literatur begrenzt, sondern auch z. B. die Sozial- und Naturwissenschaften waren ein ganz wesentlicher Bestandteil dieses umfassenden Kulturverständnisses und müssen deshalb in jede Betrachtung der Epoche mit einbezogen werden.

Das große künstlerische und soziale Vorbild der Weimarer Klassik war die Antike, in deren Erscheinungsformen man den Beweis dafür sah, dass eine bessere, eine gebildetere und höher entwickelte Welt möglich sei. Sie diente als Folie, auf deren Basis das Modell einer besseren – weil menschlicheren – Menschheit entstand, einer Menschheit im übrigen, die sich bewusst sein sollte, dass jede unreflektierte Zentrierung des Denkens auf den Menschen spätestens dann gegen dessen ureigenste Interessen ging, wenn dabei die Natur vernachlässigt wurde, als deren Teil der Mensch angesehen wurde.

Es versteht sich fast von selbst, dass eine so umfassende literarische Sichtweise sich nicht an der politischen Tageswirklichkeit orientieren konnte – wobei gerade Goethe diese natürlich nie außer Acht ließ. Auch ist die scheinbare Zeitlosigkeit der Dichtung Schillers und Goethes, ist ihre vermeintliche Unabhängigkeit von der konkreten Zeitwirklichkeit nur vordergründig unpolitisch. Auf dem Hintergrund des damaligen geschichtlichen Augenblicks betrachtet (als Stichworte seien nur der Unabhängigkeitskrieg der nordamerikanischen Staaten und die zunehmende Bedeutung Rußlands in der Politik Mitteleuropas genannt), steuerte diese weltpolitische Orientierung in der Tradition der Aufklärung genau jener Entwicklung entgegen, die tatsächlich nach Goethes Tod einsetzte: der Vereinnahmung der „Klassiker" für partikulare Interessen der jeweiligen Machthaber, im Verlauf des 19. Jahrhunderts konkret für den nationalstaatlichen Gedanken.

Hand in Hand damit geht die Etablierung des Begriffs der „Klassik" als eines Epochenbegriffs. Er kommt ursprünglich aus dem Lateinischen und meinte seit dem 18. Jahrhundert vor allem den antiken Schriftsteller, häufig auch dessen Art zu schreiben. Neben diese historische und stiltypologische Sichtweise tritt schon bald die normative: klassische Dichtung als beispielhafte Dichtung. Allerdings lag gerade den „Klassikern" diese Verwendung des Begriffs fern, weil sie ihrem Selbstverständnis und ihrer Philosophie völlig widersprach. Leider war sie dennoch nicht aufzuhalten und man findet sie mitunter sogar noch heute.

1. Notieren Sie sich in Stichworten die zentralen Aussagen zur Epoche und bringen Sie diese graphisch in einen Zusammenhang.

„GOETHE VERURSACHT HIER EINEN GROSSEN UMSTURZ" – GOETHE IN WEIMAR 1775–1786

Man schreibt das Jahr 1774. In Frankfurt am Main lebt ein junger Mann, den ein Roman mit dem Titel „Die Leiden des jungen Werthers" innerhalb einer sensationell kurzen Zeit zu einer Berühmtheit hat werden lassen. Es grassiert das sogenannte „Werther-Fieber": Der literarische Markt wird überschwemmt mit Nachahmungen, Nachdrucken, Parodien, Streitschriften, es entstehen zahllose Bilder nach Motiven des Romans – als Stiche, in Öl, auf Kaffeetassen, ja sogar ein Parfüm mit dem Titel „Eau de Werther" wird kreiert. Und nicht zuletzt begehen einige aus Liebeskummer auf die gleiche Art und Weise Selbstmord wie ihr großes Vorbild.

Der Erfolgsautor sieht das alles gelassen. Johann Wolfgang Goethe, der Enkel des Frankfurter Bürgermeisters und Sohn aus einer wohlhabenden und angesehenen Patrizierfamilie, ist selbstbewusst genug, nicht vor Stolz zu platzen, als sich im Dezember hoher Besuch ankündigt: Herzog Karl August von Sachsen-Weimar. Ein knappes Jahr später übernimmt dieser, gerade achtzehn Jahre alt geworden, von seiner Mutter Anna Amalia die Regierung des Herzogtums und lädt den sechsundzwanzigjährigen Goethe nach Weimar ein. Am 7. November 1775 kommt dieser dort an und wird schon bald in Staatsgeschäfte verwickelt. Christoph Martin Wieland, zu der Zeit schon ein berühmter Dichter und der Erzieher des Herzogs, beschreibt die Entwicklung in einem Brief an seinen und Goethes Freund Merck am 26.1.1776 folgendermaßen:

Goethe im Jahr 1776

Goethe kömmt nicht wieder von hier los. Karl August kann nicht mehr ohne ihn schwimmen noch waten. S'ist aber noch nichts Entschiedenes…

Der Hof oder vielmehr seine *liaison* mit dem Herzog verderbt ihm viel Zeit, um die es herzlich schad' ist. Und doch: Bei diesem herrlichen Gottesmenschen geht nichts verloren.

Goethe bekommt vom Herzog ein Haus geschenkt und wird nach einem halben Jahr Geheimer Legationsrat (eine Art Minister) und damit einer der einflussreichsten – und bestbezahlten – Männer im Lande.

Soweit die Kurzfassung einer Traumkarriere. Für Goethe hatte alles aber noch eine andere Seite:

- Er ging nun bei Hofe ein und aus,
- er hatte so viel Arbeit, dass er nur wenig schreiben konnte,
- er musste sich mit dem achtzehnjährigen Herzog arrangieren,
- er hatte nicht nur Freunde …

Goethes „Gartenhaus", das Geschenk des Herzogs

1. Nach einem Vierteljahr in Weimar gibt Goethe einem vormaligen Weggefährten der Sturm- und Drang-Zeit Rechenschaft darüber, was ihn veranlasste, in Weimar zu bleiben, und welche möglichen Schwierigkeiten er für die Zukunft sieht.

Lebensstationen Goethes bis Ende 1775
Lebensstationen Goethes 1776–1805
Lebensstationen Goethes 1805–1832
Goethes „Werther" – eine Buchvorstellung
Der „Sturm und Drang"

Goethes Briefe aus der damaligen Zeit sowie einige Briefzeugnisse über ihn geben einen guten Einblick in sein Leben und in seine Pläne in den ersten Weimarer Jahren. In einem Brief an seinen Freund Merck (22.1.1776) heißt es z. B.:

… Ich bin nun ganz in alle Hof- und politische Händel verwickelt und werde fast nicht wieder weg können. Meine Lage ist vortheilhaft genug, und die Herzogthümer Weimar und Eisenach immer ein Schauplatz, um zu versuchen, wie einem die Weltrolle zu Gesichte stünde. Ich übereile mich drum nicht, und Freiheit und Gnüge♦ werden die Hauptconditionen der neuen Einrichtung seyn, ob ich gleich mehr als jemals am Platz bin, das durchaus Scheisige dieser zeitlichen Herrlichkeit zu erkennen. Eben drum Adieu! […]

♦ materielle Sicherheit

Goethe war in seinen ersten Weimarer Jahren durchaus nicht unumstritten. Zwar arbeitete er viel, aber er ließ sich in Gesellschaft des jugendlichen Herzogs zu Handlungen verleiten, die in der gehobenen Gesellschaft bestenfalls Kopfschütteln hervorriefen. So trieb er es z. B. besonders toll, wenn man im Gefolge des Herzogs auf Reisen war:

In Stützerbach, wo sie bei dem Direktor der herzoglichen Glashütte Unterkunft gefunden hatten, waren sie eines Tages im Hause von dessen Schwager zu Tisch, einem wohlhabenden und ziemlich
5 überheblichen Kaufmann namens Glaser, den sie sehr komisch fanden. Sie waren offenbar nicht seine Gäste, jedenfalls war er nicht anwesend, und nachdem der Wein reichlich die Runde gemacht hatte, schlug ein einfallsreicher Geist vor, Glaser unten in seinem Lagerraum einen Schabernack zu spielen. Sie marschierten nach unten und richteten unter seinen Vorräten Verwüstung an, indem sie volle und leere Kisten und Kästen auf die Straße schleppten
15 und einige Fässer den Berg hinunterwälzten. Goethe war oben geblieben, hegte aber ähnlich lose Gedanken, denn er schnitt den Kopf aus einem Portrait von Glaser, das jenen in vollem Putz darstellte und im Eßzimmer hing, und kurz bevor seine Gefährten zum Kaffee zurückkamen, setzte er sich nieder,
20 bedeckte seine Beine mit einem Tuch, stellte sich den Goldrahmen aufs Knie und steckte den Kopf durch die Öffnung. […] Glaser [wurde] zur beliebtesten Zielscheibe ihrer Streiche, und bei zwei späteren gemeinsamen Besuchen Goethes mit dem Herzog lesen wir in seinem Tagebuch: „Glasern sündlich geschunden."

Herzog Karl August

Die Späße gingen so weit, dass Goethe Glasers Katze durch dessen Butterfass zog und der Rest der Gesellschaft sich währenddessen andere kreative Albernheiten ausdachte. Allerdings sollte man über alledem nicht vergessen, was Goethes Motivation für derlei Tätigkeiten war. Charlotte von Stein (1742–1827), die Frau des herzoglichen Oberstallmeisters und eine gute Freundin und Vertraute Goethes, beschreibt die Situation in einem Brief am 6.3.1776 folgendermaßen:

[…] Ich wünschte selbst, er [gemeint ist Goethe, Anm. d. Verf.] möchte etwas von seinem wilden Wesen, darum ihn die Leute hier so schief beurteilen, ablegen, das im Grunde zwar nichts ist, als daß er jagt, scharf reit't, mit der großen Peitsche klatscht, Alles in Gesellschaft des Herzogs. Gewiß sind Dies seine Neigungen nicht; aber eine Weile muß er's so treiben, um den Herzog zu gewinnen und dann Gutes zu stiften. So denk' ich davon – er gab mir den Grund nicht an, verteidigte sich mit wunderbaren Gründen; mir blieb's, als hätt' er unrecht.

Charlotte von Stein

Doch selbst sie geriet zuweilen in ihrer Einschätzung Goethes ins Wanken, denn in einem weiteren Brief vom März glaubt sie, Goethe und sie könnten „niemals Freunde" werden. Und zwei Monate später (am 10.5.1776) schrieb sie skeptisch:

Goethe verursacht hier einen großen Umsturz; wenn er auch wieder Ordnung machen kann, um so besser für sein Genie! Sicherlich ist seine Meinung gut, aber zu große Jugend und zu geringe Erfahrung – doch warten wir das Ende ab!

Mit viel Begeisterung stürzte sich Goethe in seine politische Arbeit. Dabei hatte er natürlich mit mancherlei Schwierigkeiten zu kämpfen, so wollte sich der alteingesessene Adel z. B. nicht mit einem Bürgerlichen in höchsten Ämtern abfinden und es war Goethe ein großes Anliegen, zu beweisen, dass er seine Position verdiente. Er gehörte zahlreichen wichtigen Kommissionen an (z. B. Kriegs-, Steuer-, Wege- und Wasserbaukommission) und brachte einige Reformen auf den Weg – insbesondere in Bezug auf das Landwirtschaftswesen und auf große Einsparungen im Soldatenwesen. Eine eingehende Betrachtung der politischen Tätigkeit Goethes in den ersten Weimarer Jahren zeigt, dass der oft gehörte Vorwurf des elitären Dichterfürsten zumindest zu jener Zeit jeder Grundlage entbehrt. Goethe engagierte sich aufopferungsvoll gerade für die Belange der Bauern und der kleinen Handwerker und er brachte nicht nur zeitliche, sondern auch materielle Opfer, um Hilfsbedürftige und Notleidende zu unterstützen, und er legte bisweilen auch selbst Hand an.
Sein Ehrgeiz war es, das Land zu reformieren und nach bürgerlichen Maßstäben voranzubringen. Doch es ging ihm alles viel zu langsam, und es galt große Schwierigkeiten und Hindernisse zu überwinden. Ende April 1780 schrieb er in sein Tagebuch:

Doch ist mirs wie dem Vogel der sich in Zwirn verwickelt hat: Ich fühle, daß ich Flügel habe, und sie sind nicht zu brauchen.

Die Arbeit rieb ihn auf und immer häufiger finden sich Briefzeugnisse, in denen er beklagt, dass die wirklich wichtigen grundlegenden Veränderungen aus vielerlei oft nichtigen Gründen immer wieder verzögert oder gar ganz blockiert würden. Seine Reaktion: Er besann sich häufiger wieder auf sich selbst und schrieb auch wieder etwas mehr. Schon damals war Charlotte von Stein einer der Hauptgründe, weshalb Goethe überhaupt in Weimar blieb. Mit ihr verband ihn ein inniges Vertrauensverhältnis und es war letztendlich ihr Einfluss, der den letzten Rest des „Stürmers und Drängers" in ihm tilgte.

1. Halten Sie Goethes Vorgehensweise für gerechtfertigt, um auf den Herzog Einfluss ausüben zu können?

Eine Zwischenbilanz seiner Weimarer Tätigkeit zieht Goethe in dem folgenden Gedicht von 1782:

J. W. Goethe

Auf Miedings♦ Tod

♦ ein Mitarbeiter des Weimarer Theaters

[…] O Weimar! dir fiel ein besonder Los:
Wie Bethlehem in Juda, klein und groß!
Bald wegen Geist und Witz beruft dich weit
Europens Mund, bald wegen Albernheit.
Der stille Weise schaut und sieht geschwind,
Wie zwei Extreme nah verschwistert sind. […]

Goethes Tätigkeit in der Bergwerkskommission führte ihn ab und zu nach Ilmenau, einem kleinen Ort südwestlich von Weimar. Er war bekannt dafür, dass er gerne ausgedehnte Wanderungen unternahm und diese führten ihn ein paarmal auch auf den „Kickelhahn", einen Berg, von wo aus er einen schönen Rundblick über das ganze Land hatte. So auch am 22. Juli 1776. An diesem Tag schrieb er an Charlotte von Stein: „Hoch auf einem weit rings sehenden Berge. […] Die Thäler dampfen alle an den Fichtenwänden herauf (NB. das hab ich dir gezeichnet)" Die unten abgedruckte Bleistiftzeichnung legte er dem Brief bei und versah die Rückseite des Randes mit den beziehungsreichen Worten:

Ach so drückt mein Schicksal mich,
Daß ich nach dem unmöglichen strebe.
Lieber Engel, für den ich nicht lebe,
zwischen den Gebürgen leb ich für dich.

Dampfende Täler bei Ilmenau

1. In welcher Stimmung könnte die Zeichnung entstanden sein?
2. In welcher Beziehung könnte sie zu Goethes Situation in Weimar stehen?

Schon einmal, im Februar 1776, war Goethe auf dem Kickelhahn gewesen und auch damals hatte er einen Brief an Frau von Stein geschrieben, dem er das folgende Gedicht beigefügt hatte:

Wandrers Nachtlied

Der du von dem Himmel bist,
Alles Leid und Schmerzen stillest,
Den, der doppelt elend ist,
Doppelt mit Erquickung füllest,
Ach, ich bin des Treibens müde!
Was soll all der Schmerz und Lust?
Süßer Friede,
Komm, ach komm in meine Brust!

1. Versuchen Sie das Gedicht auf dem Hintergrund von Goethes persönlichen Erfahrungen jener Zeit zu deuten.
2. Analysieren Sie Form und Inhalt des Gedichts. Beachten Sie dabei auch die Sonderstellung von Vers sieben.
3. Inwiefern ist es wichtig, zu einem Text wie diesem den biografischen Hintergrund zu kennen?

Am Abend vom 6. September 1780 entstand schließlich Goethes berühmtestes Gedicht: das zweite Gedicht mit dem Titel „Wandrers Nachtlied«. Und da Goethe beide Gedichte nur zusammen abgedruckt haben wollte, betitelte er das jüngere einfach „Ein gleiches" – gemeint ist: ein weiteres Gedicht zum gleichen Thema. Im Folgenden ist es allerdings nur sehr unvollständig wiedergegeben …

Wandrers Nachtlied (Ein gleiches)

__________[1] allen … ipfeln[2]
Ist Ruh',
__________ [3]allen … ipfeln[4]
__________________ [5] du
Kaum __________________[6];
Die Vögelein __________________[7] im Walde.
Warte nur, balde
__________________ [8] du auch.

1. Diskutieren Sie die verschiedenen Möglichkeiten und erörtern Sie die Bedeutungsunterschiede, die sich aus den einzelnen Wahlmöglichkeiten ergeben. Begründen Sie Ihre Auswahl.

[1] Auf / Aus / Hinter / In / Über
[2] G / W
[3] Auf / Aus / Hinter / In / Über
[4] G / W
[5] Fühlest / Hörest / Merkest / Siehest / Spürest
[6] eine Brise / einen Hauch / einen Laut / ein Lüftchen / einen Wind
[7] ruhen / schlafen / schweigen / singen / sterben
[8] Ruhest / Schläfst / Schweigest / Singest / Stirbst

Goethe schrieb dieses Gedicht an die Holzwand einer Hütte auf dem „Kickelhahn", wo er sich – bedingt durch seine Beschäftigung mit dem Themenbereich Bergbau – häufig aufhielt. Goethe trieb umfangreiche Studien zur Mineralogie (= Gesteinskunde) und zur Naturwissenschaft allgemein (Tier- und Pflanzenkunde, Anatomie, Naturgeschichte u. a.). Das Gedicht „Wandrers Nachtlied (Ein gleiches)" schien Goethe sehr viel bedeutet zu haben, denn er erneuerte die Inschrift im Jahre 1813, nachdem er wegen des Scheiterns seiner Pläne, ein Bergwerk wieder ins Leben zu rufen, viele Jahre nicht mehr in Ilmenau gewesen war.

Ein gleiches

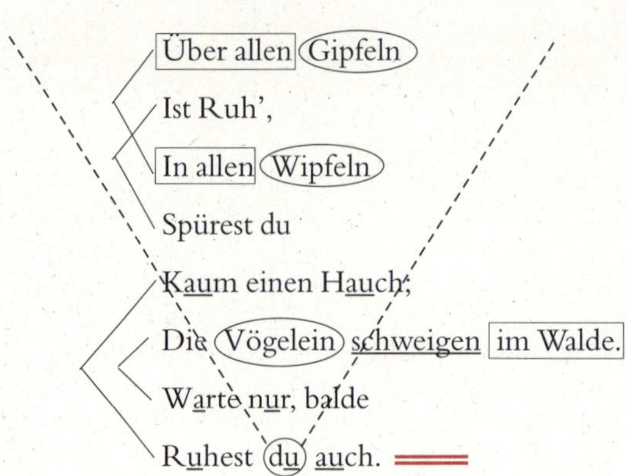

1. Erarbeiten Sie die wesentlichen metrischen und sprachlichen Elemente des Gedichts und versuchen Sie, Ihre Beobachtungen in eine zusammenhängende Gesamtbetrachtung einmünden zu lassen.

2. Was für eine Entwicklung wird durch die Reihenfolge „Gipfel – Wipfel – Vögelein – du" deutlich? Wie hängt diese mit der räumlich-perspektivischen Bewegung im Gedicht und mit dem Motiv der „Ruhe" zusammen? – Übertragen Sie die Gedichtstruktur auf die untenstehende Abbildung.

3. Wer spricht im Gedicht eigentlich zu wem? Und wie verstehen Sie den letzten Satz: als Resignation, Versprechen, Drohung, Trost, Prophezeiung …? – Erörtern Sie die verschiedenen Möglichkeiten.

4. Wie hängen die beiden „Nachtlieder" zusammen?

Wulf Segebrecht:: Johann Wolfgang Goethes Gedicht „Über allen Gipfeln ist Ruh" und seine Folgen. Zum Gebrauchswert klassischer Lyrik. Text, Materialien, Kommentar. (= Reihe Hanser, Literatur-Kommentare, Band 11). Hanser Verlag, München, Wien, 1978.
Goethe, Über den Granit

Heutiger Blick vom „Kickelhahn" ins Tal

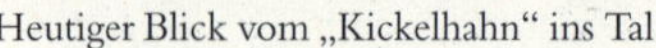

Etwa ein halbes Jahr vor seinem Tod, im August 1831, fuhr Goethe nach Ilmenau, um diese Gegend, die er früher so oft besucht hatte, noch einmal zu sehen. Nach einiger Zeit erreichten er und sein Begleiter, der Bergingenieur Mahr, auch die Jagdhütte auf dem Kickelhahn und Goethe stieg sofort in das obere Stockwerk, um zu schauen, ob sein Gedicht an der Holzwand noch zu lesen war. Mahr berichtet:

Goethe überlas diese wenigen Verse, und Tränen flossen über seine Wangen. Ganz langsam zog er sein schneeweißes Taschentuch aus seinem dunkelbraunen Tuchrock, trocknete sich die Tränen und sprach in sanftem, wehmütigem Ton: Ja: warte nur, balde ruhest du auch! schwieg eine halbe Minute, sah nochmals durch das Fenster in den düsteren Fichtenwald und wendete sich darauf zu mir mit den Worten: Nun wollen wir wieder gehen!

Jagdhütte auf dem „Kickelhahn" (originalgetreue Nachbildung); Foto von 1995

Anfang der achtziger Jahre entwickelte Goethe soviel Aktivität, dass seine alten Freunde sich besorgt darüber äußerten, dass er sich selbst verlieren könnte. Und in der Tat: Obwohl Goethe dies zu Beginn – z. B. im folgenden Brief an seine Mutter vom 11. 8. 1781 – noch heftig abstritt, lassen sich resignative Untertöne bald nicht mehr verleugnen.

[…] Merck und mehrere beurtheilen meinen Zustand ganz falsch, sie sehen das nur was ich aufopfre, und nicht was ich gewinne, und sie können nicht begreifen, daß ich täglich reicher werde, indem ich täglich so viel hingebe. Sie erinnern sich, der lezten Zeiten die ich bey Ihnen, eh ich hierhergieng, zubrachte, unter solchen fortwährenden Umständen würde ich gewiß zu Grunde gegangen seyn. Das Unverhältniß des engen und langsam bewegten bürgerlichen Kreyses, zu der Weite und Geschwindigkeit meines Wesens hätte mich rasend gemacht. […]

Schon ein Jahr später mehrten sich die Aussagen Goethes darüber, dass er unter der sozialen Ungerechtigkeit litt, die im Lande trotz aller Reformbemühungen immer noch herrschte und die er nicht abzuschaffen vermochte. So schrieb er z. B. an Frau von Stein: „Die Welt ist eng, und nicht ieder Boden trägt ieden Baum, der Menschen Wesen ist kümmerlich, und man ist beschämt wie man vor so vielen tausenden begünstigt ist" (5. 4. 1782), und in einem Brief an seinen Freund Knebel vom 17. 4. 1782 heißt es:

So steig ich durch alle Stände aufwärts, sehe den Bauersman der Erde das Nothdürftige abfordern, das doch auch ein behäglich auskommen wäre, wenn er nur für sich schwizte. Du weißt aber wenn die blattläuse auf den Rosenzweigen sitzen und sich hübsch dick und grün gesogen haben, dann kommen die Ameisen und saugen ihnen den filtrirten Safft aus den Leibern. Und so gehts weiter, und wir habens so weit gebracht, daß oben immer in einem Tage mehr verzehrt wird, als unten in einem beygebracht/organisirt werden kann …

1. Goethe: ein Sozialreformer/ Aufsteiger/ Opportunist/ Oppositioneller/ Arbeitstier/ Wichtigtuer/ verkappter Adliger/ typischer Bürgerlicher/ Intrigant/ Systemkritiker/ Idealist/ Realist/ Genießer/ … ? – Suchen Sie bis zu drei (weitere) Begriffe, die Sie am ehesten mit Goethes Person in seinen ersten Weimarer Jahren verbinden würden. Begründen Sie Ihre Auswahl.

Das Jahr 1782 brachte weitere Tätigkeiten für Goethe in Weimar: Er übernahm die Finanzverwaltung des Landes und zog um in das berühmte Haus am Frauenplan. Und da es schon seit längerer Zeit immer wieder Probleme mit der Hofetikette an anderen Höfen gegeben hatte, weil Goethe als Bürgerlicher eigentlich nicht überall zugelassen sein sollte, dies faktisch jedoch unmöglich war, wurde er einfach geadelt. Seine Nobilitierung beeindruckte ihn allerdings recht wenig. In einem Rückblick sagte er zu seinem Chronisten Eckermann am 26. 9. 1827:

Als man mir das Adelsdiplom gab, glaubten viele, wie ich mich dadurch möchte erhoben fühlen. Allein, unter uns, es war mir nichts, gar nichts! Wir Frankfurter Patrizier hielten uns immer dem Adel gleich, und als ich das Diplom in Händen hielt, hatte ich in meinen Gedanken eben nichts weiter, als was ich längst besessen.

vgl. dazu auch das Kapitel zu Goethes „Iphigenie" und das „Basiskapitel" im „Arbeitsheft zur Literaturgeschichte, Sturm und Drang".

Goethes Veränderung innerhalb weniger Jahre wird deutlich sichtbar an seinen Gedichten. Zum 26. Geburtstag des Herzogs verfasste er 1783 das Gedicht *Ilmenau*, in dem er eine kritische Bilanz dessen zog, was er bisher (nicht) erreicht hatte. Im gleichen Jahr entstand die Hymne *Das Göttliche*, in der sich Goethes neues Bewusstsein zeigt – gerade im Vergleich zu den ersten Hymnen *Prometheus* und *Ganymed* –, denn nun sieht er die Bestimmung des Menschen im ethischen Handeln:

Das Göttliche

Edel sei der Mensch,
Hilfreich und gut!
Denn das allein
Unterscheidet ihn
5 Von allen Wesen,
Die wir kennen.

Heil den unbekannten
Höhern Wesen,
Die wir ahnen!
10 Ihnen gleiche der Mensch!
Sein Beispiel lehr uns
Jene glauben.

Denn unfühlend
Ist die Natur:
15 Es leuchtet die Sonne
Über Bös und Gute,
Und dem Verbrecher
Glänzen wie dem Besten
Der Mond und die Sterne.

20 Wind und Ströme,
Donner und Hagel
Rauschen ihren Weg
Und ergreifen
Vorüber eilend
25 Einen um den andern.

Auch so das Glück
Tappt unter die Menge,
Faßt bald des Knaben
Lockige Unschuld,
30 Bald auch den kahlen
Schuldigen Scheitel.

Nach ewigen, ehrnen,
Großen Gesetzen
Müssen wir alle
35 Unseres Daseins
Kreise vollenden.

Nur allein der Mensch
Vermag das Unmögliche:
Er unterscheidet;
40 Wählet und richtet;
Er kann dem Augenblick
Dauer verleihen.

Er allein darf
Den Guten lohnen,
45 Den Bösen strafen,
Heilen und retten,
Alles Irrende, Schweifende
Nützlich verbinden.

Und wir verehren
50 Die Unsterblichen,
Als wären sie Menschen,
Täten im großen,
Was der Beste im kleinen
Tut oder möchte.

55 Der edle Mensch
Sei hilfreich und gut!
Unermüdet schaff er
Das Nützliche, Rechte,
Sei uns ein Vorbild
60 Jener geahneten Wesen!

• Goethes Gedicht „Ilmenau"
als Fazit seiner ersten
Weimarer Jahre.
• Die Freundschaft
zwischen Goethe und
Charlotte von Stein.

1. Analysieren Sie das Gedicht und zeigen Sie, wie das göttliche und das menschliche Prinzip zusammenhängen. Welche Rolle spielt die Natur?
2. Erläutern Sie den Titel des Gedichts. Könnte er auch „Die Götter" lauten? Welches Menschenbild kommt in der Hymne zum Ausdruck?
3. Was dachte die zeitgenössische Geistlichkeit wohl über das Gedicht? – Formulieren Sie die Rezension in einem kirchlichen Amtsblatt.

Bei alledem musste sich Goethe mit Bergen von Akten über Kleinigkeiten herumschlagen und immer wieder machte er die Erfahrung, dass es schwierig, wenn nicht gar sinnlos war, gegen überkommene Gepflogenheiten anzurennen. Am 9. 7. 1786 schrieb er an Frau von Stein: „Wer sich mit der Administration abgibt, ohne regierender Herr zu sein, der muß entweder ein Philister oder ein Schelm oder ein Narr sein." Er hatte als Leiter der Kammer (heute dem Finanzminister vergleichbar) zwar einiges erreicht, aber vieles lag nach wie vor im Argen. Resigniert zog Goethe sich nach und nach zurück und widmete sich immer mehr der Naturwissenschaft, die ihm zu jener Zeit wichtiger war als die Dichtung: In den drei Jahren bis 1786 hatte Goethe kaum etwas Poetisches geschrieben – wenig mehr als zwei kleine Gedichte, in denen seine Sehnsucht nach Italien zum Ausdruck kommt.
Am 3. September 1786 schließlich schrieb Goethe ein Urlaubsgesuch auf unbestimmte Zeit und nachts um drei Uhr reiste er in Richtung Italien ab, ohne irgendjemandem vorher etwas davon gesagt zu haben. Erst im Juni 1788 sollte er zurückkommen …
Was waren seine Gründe für diesen überraschenden und radikalen Schritt? – In zwei Briefen an den Herzog heißt es sehr viel später:

[…] Die Hauptabsicht meiner Reise war: mich von den physischmoralischen Übeln zu heilen die mich in Deutschland quälten und mich zuletzt unbrauchbar machten; sodann den heißen Durst nach wahrer Kunst zu stillen, das erste ist mir ziemlich das letzte ganz geglückt. (Rom d. 25. Jan. 88)

Ich darf wohl sagen: ich habe mich in dieser anderthalbjährigen Einsamkeit selbst wiedergefunden; aber als was? – Als Künstler! Was ich sonst noch bin, werden Sie beurteilen und nutzen. […] (Rom d. 17. März 88)

Goethe, Italienische Landschaft mit einzelnem Baum, 1787

1. Auf der Reise schreibt Goethe einen Brief, in dem er seinen Schritt begründet. Wählen Sie einen Adressaten (Frau von Stein, Herzog Karl August, Goethes Mutter, seinen Freund Merck …)

DIE VEREDLUNG DER MENSCHLICHEN NATUR – CHRISTOPH MARTIN WIELAND

Je mehr ich die erste Pflicht der Menschen, sich einander zu nähern, sich mit einander zu verbinden, und als die Glieder Einer großen von der Natur selbst gestifteten Gesellschaft mit zusammengesetzten Kräften an ihrer gemeinschaftlichen Vervollkommnung zu arbeiten, überdenke: je mehr glaube ich Gründe zu finden, es für einen starken Fortschritt auf dem Wege, der zum Ziel der öffentlichen Glückseligkeit des menschlichen Geschlechtes führt, zu halten, daß wenigstens die Nationen von Europa immer mehr von dem verlieren, was ehmals den eignen Charakter einer jeden ausmachte, und wodurch jede sich mehr oder weniger von dem Charakter aufgeklärter und gesitteter Völker entfernte.

Dieses Plädoyer für ein geeintes Europa findet sich im Mai 1773 in Christoph Martin Wielands „Deutschem Merkur", von ihm selbst geschrieben.

Wieland (1733–1813) charakterisierte sich selbst einmal so: „Ich gleiche zu meinem Leidwesen einem Chamäleon. Ich scheine grün gegenüber grünen Gegenständen und gelb gegenüber gelben, aber ich bin weder gelb noch grün, ich bin durchscheinend oder weiß" (Brief an Zimmermann vom 27.3.1759).

Diese Einschätzung stimmt aber auch nur teilweise. Wieland war eine überaus vielschichtige und widersprüchliche Persönlichkeit. Er war Diplomat und galt vielen als angepasst und ging doch keinem literarischen Streit aus dem Wege. Er war religiös, bisweilen geradezu Mystiker, war aber dennoch auch ein heiterer Lebenskünstler, der recht frivole Texte verfasste. Vor allem aber war er eines: Weltbürger.

Christoph Martin Wieland fing bereits als Kind an, Gedichte, Singspiele und ähnliches zu schreiben. Nach dem Jurastudium in Tübingen lebte er einige Jahre bei Bodmer, einem der führenden Aufklärer der Zeit, in Zürich. Einige Jahre später nahm er 1769 den Ruf als Philosophieprofessor in Erfurt an. Zu dieser Zeit war er als Autor des *Agathon* (1766/67) bereits ein berühmter Mann.

Zur Geburtsstunde der Weimarer Klassik kam es, als Herzogin Anna Amalia von Weimar Wieland 1772 als Erzieher des Prinzen nach Weimar holte. Wieland vermittelte dem Hof den Kontakt zu Kunst und Literatur und Anna Amalia, die selber malte, schrieb und komponierte, machte es sich zur Aufgabe, die schönen Künste zu fördern. Als 1775 der Herzog volljährig wurde und Goethe nach Weimar kam, zog sich Wieland zurück (freilich mit einer hohen herzoglichen Pension) und lebte nur noch seiner Dichtung. Allerdings trat er Goethe sehr wohlwollend entgegen, was diesem seine Stellung am Hof überhaupt erst ermöglichte. So ist die Weimarer Klassik ohne ihn nicht denkbar. Wieland kann sowohl der Spätaufklärung als auch der frühen Weimarer Klassik zugeordnet werden.

Gemessen an der späteren Popularität Goethes und Schillers stand Wieland immer eher im Hintergrund, vor allem, nachdem jene Freundschaft geschlossen hatten, doch das sollte nicht den Blick auf sein Werk verstellen. Es ist der Antike verpflichtet und Wieland sieht die Aufgabe von Literatur folgendermaßen:

Der Dichtkunst wahre Bestimmung ist die Verschönerung und Veredlung der menschlichen Natur; und wenn sie auf diesen großen Zweck in Vereinigung mit der Philosophie und mit ihren andern Schwesterkünsten, den bildenden sowohl als den musikalischen arbeitete, wer kann die Grenzen des wohltätigen Einflusses ziehen, den sie auf die menschliche Gesellschaft haben könnte? Aber damit sie diesen Zweck erreiche, muß sie sich über die bloße Nachahmung der individuellen Natur, über die engen Begriffe einzelner Gesellschaften, über die unvollkommnen Modelle einzelner Kunstwerke erheben, aus den gesammelten Zügen des über die ganze Natur ausgegossenen Schönen sich ideale Formen bilden, und aus diesen die Urbilder zusammensetzen, nach denen sie arbeitet.

1. Formulieren Sie in eigenen Worten, worin – nach Wieland – die „Bestimmung" der Dichtkunst liegt, und unter welchen Bedingungen sie diese erreichen kann.

Wielands größter Erfolg war die Zeitschrift *Der Teutsche Merkur*. Sie erschien zum ersten Mal im Januar 1773 und war konzipiert als ein umfassendes Gesellschaftsjournal aus Literatur, Kunst, Politik und Technik. Wielands Journal erschien fast fünfzig Jahre lang und blieb damit die erfolgreichste deutsche Zeitschrift jener Zeit überhaupt. Es versteht sich von selbst, dass diese Zeitschrift das Gedankengut der Weimarer Klassik ganz wesentlich nach außen trug und damit den Ruf Weimars als eines deutschen Athens mit begründete.

Noch zwei weitere wichtige Werke Wielands aus seiner Weimarer Zeit sind zu nennen: zum einen das Versepos *Oberon* (1780), das zu jener Zeit großen Einfluss auf zahlreiche dichterische und musikalische Werke hatte, angefangen bei Schillers Drama *Don Carlos* und Goethes *Faust II* bis hin zu Mozarts *Zauberflöte*. Wieland arbeitete dieses Werk insgesamt siebenmal um, bis es schließlich 1796 seine endgültige Gestalt fand, zum andern der gesellschaftskritische Roman *Die Abderiten* (1774), eine Satire auf die engstirnigen und spießigen Bewohner der Kleinstadt Abdera. Das vierte Buch dieses Romans dreht sich um den berühmt gewordenen „Streit um des Esels Schatten":
Der Zahnarzt Struthion mietet sich an einem heißen Sommertag einen Esel, um in der Nachbarstadt einen Jahrmarkt zu besuchen. Der Eseltreiber begleitet ihn zu Fuß, um das Tier zu betreuen. In der größten Hitze will Struthion Rast machen, und da es nirgendwo Schatten gibt, setzt er sich in den Schatten des Esels. Indessen verlangt der Eseltreiber hierfür eine Extragebühr, die Struthion nicht bereit ist zu zahlen. Sein Schattenplatz wird ihm also verwehrt und es kommt zum Streit, der vor Gericht endet …

1. Verfassen und inszenieren Sie das Streitgespräch zwischen Struthion und dem Eseltreiber; bedenken Sie aber, dass Wieland den Roman in satirischer Absicht schrieb. 
2. Die Anwälte beider Parteien bringen die Sache beim Richter vor… 

3. Der Fall zieht Kreise, ein erstes Urteil des Stadtrichters Philippides aus Abdera wird widerrufen. Formulieren Sie dieses erste Urteil und malen Sie sich aus, welche Weiterungen denkbar sind. 

NICHT REVOLUTIONEN, SONDERN EVOLUTIONEN – JOHANN GOTTFRIED HERDER

Der Theologe, Historiker und Philosoph Johann Gottfried Herder (1744–1803) ist der älteste Weggefährte Goethes. Schon 1770 hatten sich die beiden in Straßburg kennengelernt und die literarische Revolution des „Sturm und Drang" ins Leben gerufen. 1776 machte Goethe seinen Einfluss auf Herzog Karl August geltend und setzte durch, dass Herder in Weimar eine Anstellung als Oberhofprediger und Generalsuperintendent erhielt – wodurch er zum höchsten Geistlichen des Herzogtums wurde.

Das Zentrum von Herders Christentum war die Idee der Humanität, wie sie in seinen *Briefen zur Beförderung der Humanität* (seit 1793) und in den *Ideen zur Philosophie der Geschichte der Menschheit* (1784–1791) zum Ausdruck kommt. Herder konstatiert in seiner Philosophie eine nach einem göttlichen Plan fortschreitende Entwicklung und Entfaltung der Welt, die sich in der Weltgeschichte wie auch in ihrem hierarchischen Aufbau äußert: So steht die Geschichte des Menschen geradezu in genetischer Beziehung zur Entwicklungsgeschichte der Natur, deren Ziel die echte „Humanität" als Endpunkt der zivilisatorischen Entwicklung ist.

> [...] betrachten wir die Menschheit, wie wir sie kennen, nach den Gesetzen, die in ihr liegen, so kennen wir nichts Höheres als Humanität im Menschen; denn selbst wenn wir uns Engel oder Götter denken, denken wir sie uns nur als idealische, höhere Menschen. Zu diesem offenbaren Zweck ist unsere Natur organisiert: Zu ihm sind unsere feineren Sinne und Triebe, unsre Vernunft und Freiheit, unsre zarte und dauernde Gesundheit, unsre Sprache, Kunst und Religion uns gegeben.

Herder sieht einen Zusammenhang zwischen der Kultur eines Volkes und seinen geschichtlichen, geographischen, materiellen und geistigen Lebensbedingungen. Die konsequente Folge dieses damals völlig neuen Ansatzes ist eine radikale Absage an jeglichen Absolutheitsanspruch einzelner Völker:

> [...] Der Nationalruhm ist ein täuschender Verführer. Zuerst lockt er und muntert auf; hat er eine gewisse Höhe erreicht, so umklammert er den Kopf mit einer ehernen Binde; der Umschlossene sieht im Nebel nichts als sein eigenes Bild, keiner fremden neuen Eindrücke mehr fähig. Der Himmel bewahre uns vor solchem Nationalruhm [...].

Zunächst bestand für Herder die Voraussetzung für eine positive Entwicklung des Menschen in einer Folge von Revolutionen, doch bald schon änderte sich seine Einschätzung und er hielt eine organische, wenngleich langsame Veränderung für besser und dauerhafter:

> Um also mit diesem befleckten Wort [gemeint ist „Revolution"] nicht zu verführen, und etwa eine tödtende Gewaltsamkeit zur Arznei menschlicher Uebel zu machen, wollen wir auf dem Wege der heilenden Natur bleiben. Nicht Revolutionen, sondern *Evolutionen* sind der stille Gang dieser großen Mutter [...]

1. Aktualisieren und erörtern Sie Herders Aussage zum „Nationalruhm".
2. Was könnte Herder unter „Humanität" verstehen? – Nennen Sie Beispiele.

WAHRHEIT GEGEN FREUND UND FEIND – FRIEDRICH SCHILLER

Man schreibt das Jahr 1784. In Mannheim lebt ein junger Mann, den ein Drama mit dem Titel „Die Räuber" innerhalb kurzer Zeit zu einer Berühmtheit hat werden lassen. Trotzdem ist er nicht sehr glücklich. Finanziell hat das Drama wenig eingebracht, am Mannheimer Theater gibt es Ärger und im privaten Bereich sorgt eine problematische Beziehung zu der verheirateten Charlotte von Kalb für Unsicherheit. Über allem aber stehen Schillers angegriffene Gesundheit und seine Finanzknappheit. Doch es gibt auch Positives: Auf Empfehlung der Frau von Kalb unternimmt Schiller an Weihnachten 1784 eine Reise an den Darmstätter Hof und liest dort den ersten Akt seines neuen Dramas *Don Carlos*. Als Gast ist Herzog Karl August von Weimar zugegen, der Schiller sogleich den Titel eines „Weimarer Rats" verleiht und ihn dadurch gewissermaßen hoffähig macht, was später von großer Wichtigkeit sein wird. Dann bekommt Schiller „Fan-Post" von vier begeisterten Lesern aus Leipzig: einem Christian Gottfried Körner – er wird sein bester Freund werden – und seinem Lesezirkel. Nach einigem Hin und Her nimmt Schiller im April 1785 eine Einladung nach Leipzig an und wird begeistert aufgenommen. Er findet eine preiswerte Unterkunft und der Freundeskreis hilft ihm aus den schlimmsten Geldsorgen. In dieser Zeit entsteht im Herbst 1785 eines seiner berühmtesten Gedichte: Die Ode *An die Freude* (hier die überarbeitete Fassung von 1803).

Friedrich von Schiller. Ölbild von Anton Graff, 1785

An die Freude

Freude, schöner Götterfunken,
   Tochter aus Elysium◆
Wir betreten feuertrunken
   Himmlische, dein Heiligtum.
5 Deine Zauber binden wieder,
   Was die Mode* streng geteilt;
Alle Menschen werden Brüder,
   Wo dein sanfter Flügel weilt.

Seid umschlungen, Millionen!
10 Diesen Kuß der ganzen Welt!
Brüder – überm Sternenzelt
Muß ein lieber Vater wohnen.

Wem der große Wurf gelungen,
   Eines Freundes Freund zu sein;
15 Wer ein holdes Weib errungen,
   Mische seinen Jubel ein!
Ja   wer auch nur eine Seele
   Sein nennt auf dem Erdenrund!
Und wer's nie gekonnt, der stehle
20   Weinend sich aus diesem Bund!

Was den großen Ring bewohnet,
   Huldige der Sympathie!
   Zu den Sternen leitet sie,
Wo der Unbekannte thronet.

25 Freude trinken alle Wesen
   An den Brüsten der Natur,
Alle Guten, alle Bösen
   Folgen ihrer Rosenspur.
Küsse gab sie uns und Reben
30   Einen Freund, geprüft im Tod.
Wollust ward dem Wurm gegeben,
   Und der Cherub◆ steht vor Gott.

Ihr stürzt nieder, Millionen
   Ahndest du den Schöpfer, Welt?
35   Such ihn überm Sternenzelt!
Über Sternen muß er wohnen.

Freude heißt die starke Feder
   In der ewigen Natur.
Freude, Freude treibt die Räder
40   In der großen Weltenuhr.
Blumen lockt sie aus den Keimen,
   Sonnen aus dem Firmament,
Sphären rollt sie in den Räumen,
   Die des Sehers Rohr nicht kennt.

45 Froh, wie seine Sonnen fliegen,
   Durch des Himmels prächtgen Plan,
   Wandelt, Brüder, eure Bahn,
Freudig wie ein Held zum Siegen.

◆ griech. Mythol.: Land der Seligen in der Unterwelt

* hier: allg. Zeitgeschmack

◆ Engel, Wächter des Himmels

• Schillers Leben und Werk (bis September 1782)
• Schillers Leben und Werk (Sept. 1782–1793)
• Schillers Leben und Werk (1794–1805)

Aus der Wahrheit Feuerspiegel
50   Lächelt sie den Forscher an.
Zu der Tugend steilem Hügel
  Leitet sie des Dulders Bahn.
Auf des Glaubens Sonnenberge
♦ Weinglas   Sieht man ihre Fahnen wehn,
55 Durch den Riß gesprengter Särge
  Sie im Chor der Engel stehn.

Duldet mutig, Millionen!
♦ Engel d. alten Testaments   Duldet für die beßre Welt!
Droben überm Sternenzelt
60 Wird ein großer Gott belohnen.

Göttern kann man nicht vergelten,
  Schön ist's ihnen gleich zu sein.
Gram und Armut soll sich melden,
  Mit den Frohen sich erfreun.
65 Groll und Rache sei vergessen,
  Unserm Todfeind sei verziehn,
Keine Träne soll ihn pressen,
  Keine Reue nage ihn.

Unser Schuldbuch sei vernichtet!
70   Ausgesöhnt die ganze Welt!
Brüder – überm Sternenzelt
Richtet Gott, wie wir gerichtet.

Freude sprudelt in Pokalen,
  In der Traube goldnem Blut
75 Trinken Sanftmut Kannibalen,
  Die Verzweiflung Heldenmut.
Brüder, fliegt von euren Sitzen,
  Wenn der volle Römer♦ kreist,
Laßt den Schaum zum Himmel spritzen:
80   Dieses Glas dem guten Geist.

Den der Sterne Wirbel loben,
  Den des Seraphs♦ Hymne preist,
Dieses Glas dem guten Geist
Überm Sternenzelt dort oben!

85 Festen Mut in schweren Leiden,
  Hilfe, wo die Unschuld weint,
Ewigkeit geschwornen Eiden,
  Wahrheit gegen Freund und Feind,
Männerstolz vor Königsthronen –
90   Brüder, gält es Gut und Blut:
Dem Verdienste seine Kronen,
  Untergang der Lügenbrut!

Schließt den heil'gen Zirkel dichter,
  Schwört bei diesem goldnen Wein,
95   Dem Gelübde treu zu sein,
Schwört es bei dem Sternenrichter!

1. Welche Themenkreise werden in dem Gedicht angesprochen? Analysieren Sie das Verhältnis des Einzelnen zur Gemeinschaft aller und beachten Sie dabei die Imperative.
2. Welche Funktion hat die „Freude"?

3. Was versteht Schiller in dem Gedicht unter „Freude"? – Grenzen Sie die folgenden Begriffe gegeneinander ab und suchen Sie die beiden aus, die dem, was er meint, Ihrer Ansicht nach am nächsten kommen:
   Begeisterung, Brüderlichkeit, Einigkeit, Erfüllung, Euphorie, Freiheit, Fröhlichkeit, Frohsinn, Gerechtigkeit, Gleichheit, Glück, Gnade, Harmonie, Heiterkeit, Hoffnung, Humor, Jubel, Lebenskraft, Liebe, Religiosität, Seligkeit, Sympathie, Unsterblichkeit, Zufriedenheit.
4. Im vierten Satz seiner weltberühmten 9. Sinfonie vertonte Beethoven dieses Gedicht Schillers. Welche Verse ließ er wohl besonders oft wiederholen, welche Strophen waren ihm wichtig, welche ließ er wohl weg?

5. Beethovens Vorspiel zur *Ode an die Freude* ist seit 1985 die europäische Hymne. Sie stellen aus Schillers Gedicht einen Text dafür zusammen …

Was mag der Grund dafür sein, dass Beethoven fast dreißig Jahre lang gerade dieses Gedicht Schillers vertonen wollte? Als die 9. Sinfonie am 27. Mai 1824 uraufgeführt wurde, jubelte das Publikum dem Meister enthusiastisch zu. Doch er konnte nichts hören. Seit langem war er taub und durch diese Behinderung isoliert. Und schon viele Jahre vorher, 1802, hatte er geschrieben: „Für mich darf Erholung in menschlicher Gesellschaft, feinere Unterredungen, wechselseitige Ergießungen nicht statt haben; ganz allein, fast nur soviel, als es die höchste Notwendigkeit fordert, darf ich mich in Gesellschaft einlassen." Und ein paar Tage später heißt es: „O Vorsehung – laß einmal einen reinen Tag der Freude mir erscheinen! – So lange schon ist der wahren Freude inniger Widerhall mir fremd. – O wann – o wann, o Gottheit – kann ich im Tempel der Natur und der Menschen ihn wieder fühlen!"
Vielleicht eröffnete ihm Schillers Gedicht diese Möglichkeit …

Es ist nicht ganz klar, warum Schiller im Juli 1787 überhaupt nach Weimar reiste. Vielleicht wollte er der Einladung seiner Verehrerin und früheren Geliebten Charlotte von Kalb folgen, vielleicht sich nach einer Zeit des inneren Unausgefülltseins mit Goethe, Wieland und Herder treffen und sich dichterisch mit ihnen messen – oder zumindest Aufnahme im literarischen Weimar finden. Dies allerdings war nicht so einfach, zumal für einen mittellosen Dichter, wie Schiller es zu jener Zeit noch immer war. Als er nach Weimar kam, war Goethe in Italien, der Herzog war auf Reisen, und so lernte Schiller nur Wieland und Herder kennen. Doch er fand Anschluss an die höfischen Kreise. Einige berühmt gewordene Schriften historischen Inhalts (vor allem *Die Geschichte des Abfalls der vereinigten Niederlande von der spanischen Regierung*, 1788) führten zu seiner Berufung als Professor in Jena, was Schiller finanziell allerdings so gut wie nichts einbrachte. So musste er in den ersten Jahren versuchen, mit seinem Schreiben soviel Geld zu verdienen, dass er sich – und später seine Familie – als unabhängiger Schriftsteller über Wasser halten konnte. Dies war – wenn überhaupt – vor allem mit geschichtlich ausgerichteten Werken und Zeitschriften möglich. Hinzu kam eine langwierige lebensbedrohende Krankheit Schillers und so ist es zu erklären, dass er bis Mitte der neunziger Jahre nur sehr wenige poetische Texte schrieb.

Charlotte von Lengefeld,
Schillers Ehefrau

Beethoven, 1802

IDEE UND ERFAHRUNG – SCHILLER UND GOETHE

Zunächst sah es lange Zeit so aus, als wären Goethe und Schiller unvereinbare Konkurrenten und völlig gegensätzliche Naturen. Man ging sich, nachdem Goethe 1788 aus Italien zurückgekommen war, weitgehend aus dem Weg und vereinzelte höfliche Kontakte konnten nicht über das frostige Verhältnis hinwegtäuschen. Schiller hielt Goethe für elitär und eigennützig, Goethe sah in Schiller noch immer nur den Stürmer und Dränger, den jugendlichen Hitzkopf. Dann aber plante Schiller die Herausgabe einer literarischen Zeitschrift, für die er die bedeutendsten Köpfe der Zeit gewinnen wollte. Es war klar, dass Goethe dabei nicht fehlen durfte, und so kam man sich näher. Zudem baute Schillers Frau – von beiden Dichtern unbemerkt – unsichtbare Brücken und es kam schließlich zu einem folgenschweren Streitgespräch zwischen ihnen. Es ging um die Frage, ob es eine „Urpflanze" gebe, aus der Form und Wesen aller Pflanzen ableitbar seien. Goethe notierte zu diesem Gespräch viele Jahre später (1817) folgendes:

Zu gleicher Zeit hatte Batsch◆ durch unglaubliche Regsamkeit eine naturforschende Gesellschaft in Tätigkeit gesetzt, auf schöne Sammlungen, auf bedeutenden Apparat gegründet. Ihren periodischen Sitzungen wohnte ich gewöhnlich bei; einstmals fand ich Schillern daselbst, wir gingen zufällig beide zugleich heraus, ein Gespräch knüpfte sich an, er schien an

5   dem Vorgetragenen teil zu nehmen, bemerkte aber sehr verständig und einsichtig und mir sehr willkommen, wie eine so so zerstückelte Art die Natur zu behandeln, den Laien, der sich gern darauf einließe, keineswegs anmuten könne. Ich erwiderte darauf: daß sie den Eingeweihten selbst vielleicht unheimlich bleibe und daß es doch wohl noch eine andere Wei-

◆ Professor in Jena und Direktor des Botanischen Gartens

Annäherung

se geben könne die Natur nicht gesondert und vereinzelt vorzunehmen, sondern sie wirkend und lebendig, <u>aus dem Ganzen in die Teile</u> strebend, darzustellen. Er wünschte hierüber aufgeklärt zu sein, verbarg aber seine Zweifel nicht; er konnte nicht eingestehen, daß ein solches, wie ich behauptete, schon aus der Erfahrung hervorgehe. Wir gelangten zu seinem Hause, das Gespräch lockte mich hinein; da trug ich die Metamorphose der Pflanzen lebhaft vor, und ließ, mit manchen charakteristischen Federstrichen, eine symbolische Pflanze vor seinen Augen entstehen. Er vernahm und schaute das alles mit großer Teilnahme, mit entschiedener Fassungskraft; als ich aber geendet, schüttelte er den Kopf und sagte: das ist keine <u>Erfahrung</u>, das ist eine <u>Idee</u>. Ich stutzte, verdrießlich einigermaßen: denn der Punkt der uns trennte, war dadurch aufs strengste bezeichnet. [...] Der alte Groll wollte sich regen, ich nahm mich aber zusammen und versetzte: das kann mir sehr lieb sein, daß ich Ideen habe ohne es zu wissen und sie sogar mit Augen sehe. Schiller, der viel mehr Lebensklugheit und Lebensart hatte als ich und mich auch wegen der Horen ♦, „die er herauszugeben im Begriff stand, mehr anzuziehen als abzustoßen gedachte, erwiderte darauf als ein gebildeter Kantianer; und als aus meinem hartnäckigen Realismus mancher Anlaß zu lebhaftem Widerspruch entstand, so ward viel gekämpft und dann Stillstand gemacht; keiner von beiden konnte sich für den Sieger halten, beide hielten sich für unüberwindlich.

1. Um welches Thema geht es in dem Gespräch und warum messen Goethe und Schiller diesem Thema so große Bedeutung bei? Worin sind sich die beiden einig?
2. Wo liegt der zentrale Unterschied in der Auffassung der beiden? Wo sehen Sie den Unterschied zwischen der Erfahrung und der Vorstellung (was Schiller als „Idee" bezeichnet)?

Jungfer Wenzel, die Botenfrau

Schiller ging wieder auf Goethe zu, schrieb ihm einen langen Brief und schließlich war der Bann gebrochen. Über die gemeinsame Arbeit an Schillers Zeitschrift kam man sich näher und im Januar 1795 erschien die erste Ausgabe der „Horen". Von nun an waren die beiden oft wochenlang fast täglich zusammen und redeten sich viele Stunden lang die Köpfe heiß – unterbrochen nur von den häufigen Anfällen von Atemnot, die Schiller bis zu seinem Tode nicht mehr losließen. Oder sie schrieben sich fast täglich Briefe, die von der treuen Botenfrau, „Jungfer Wenzel", zusammen mit anderen Waren zwischen Weimar und Jena hin- und hertransportiert wurden – Tag für Tag und bei jedem Wetter.
Zwei Briefe geben Aufschluss darüber, wie die beiden Dichter sich gegenseitig sahen und was ihre Freundschaft für sie bedeutete:

„Aber diese hohen Vorzüge seines Geistes sind es nicht, die mich an ihn binden. Wenn er nicht als Mensch für mich den größten Wert von allen hätte, die ich persönlich je habe kennen lernen, so würde ich sein Genie nur in der Ferne bewundern. Ich darf wohl sagen, daß ich in den sechs Jahren, die ich mit ihm zusammen lebte, auch nicht einen Augenblick an seinem Charakter irre geworden bin. Er hat eine hohe Wahrheit und Biederkeit in seiner Natur, und den höchsten Ernst für das Rechte und Gute; darum haben sich Schwätzer und Heuchler und Sophisten in seiner Nähe immer übel befunden. Diese hassen ihn, weil sie ihn fürchten, und weil er das Falsche und Seichte im Leben und in der Wissenschaft herzlich verachtet und den falschen Schein verabscheut, muß er in der jetzigen bürgerlichen und literarischen Welt notwendig es mit vielen verderben ..." (Schiller über Goethe)

„Schiller erscheint hier, wie immer, im absoluten Besitz seiner erhabenen Natur; er ist so groß am Teetisch, wie er es im Staatsrat gewesen sein würde. Nichts geniert ihn, nichts engt ihn ein, nichts zieht den Flug seiner Gedanken herab; was in ihm von großen Ansichten lebt, geht immer frei heraus ohne Rücksicht und ohne Bedenken. Das war ein rechter Mensch, und so sollte man auch sein! – wir andern dagegen fühlen uns immer bedingt; […] Wir sind die Sklaven der Gegenstände und erscheinen geringe oder bedeutend, je nachdem uns diese zusammenziehen oder zu freier Ausdehnung Raum geben." (Goethe über Schiller)

Nun begann die Zeit, in der man Schiller und Goethe „die beiden Dioskuren" nannte, in Anlehnung an die griechische Mythologie, in der Kastor und Pollux, zwei Söhne des Zeus, das Sinnbild für ein unzertrennliches Freundespaar waren. Und erst jetzt begannen beide wieder zu dichten: Goethe hatte bis dahin fast nur noch naturwissenschaftliche Werke verfaßt, Schiller hatte in den ersten Jahren des Jahrzehnts seine berühmtesten philosophischen und literaturtheoretischen Werke geschrieben. Nun aber setzte eine vielfältige und enge Zusammenarbeit ein, u. a. auch beim Verfassen der berühmt gewordenen Balladen. Eine davon war Schillers „Bürgschaft".
Die Idee zu dieser Ballade kam Schiller bei der Lektüre einer römischen Geschichten-Sammlung, die er sich von Goethe ausgeliehen hatte. Darin fand sich der folgende Text:

Als in Sizilien der äußerst grausame Tyrann Dionysius lebte, der seine Untertanen qualvoll umbringen ließ, wollte Moerus ihn töten. Die Leibwächter faßten den Bewaffneten und führten ihn zum König. Im Verhör antwortete Moerus, er habe den König töten wollen, worauf dieser ihn ans Kreuz zu schlagen befahl. Moerus erbat von ihm drei Tage Aufschub,
5 um seine Schwester zu verheiraten, und daß er dem Tyrannen seinen Freund und Kameraden Selinuntius als Bürgen dafür lassen dürfe, daß er am dritten Tage zurückkehren werde. Der König gewährte ihm Aufschub für die Verheiratung der Schwester und sagte zu Selinuntius, wenn Moerus nicht auf den Tag zurückkäme, werde er dessen Strafe erleiden, Moerus aber freigelassen.
10 Als Moerus nach der Hochzeit seiner Schwester zurückkehren wollte, erhob sich ein Unwetter und Regen; der Fluß schwoll derartig, daß er ihn weder durchschreiten noch durchschwimmen konnte. Moerus setzte sich ans Ufer und begann unter Tränen zu beten, daß der Freund nicht für ihn sterben müsse. Inzwischen befahl der Tyrann, Selinuntius ans Kreuz zu schlagen, da schon die sechste Stunde des Tages, Moerus aber noch nicht gekommen sei. Se-
15 linuntius wandte ein, der Tag sei noch nicht vorbei. Als bereits die neunte Stunde heranrückte, ließ der König Selinuntius zum Kreuze führen. Als man das tat, lief Moerus, der mit Mühe endlich den Fluß überquert hatte, hinter dem Henker her und rief von weitem: Halt ein, Henker. Hier bin ich, für den er gebürgt hat. Das Vorkommnis wurde dem König gemeldet. Der ließ die beiden vor sich bringen und bat sie, ihn in ihren Freundschaftsbund auf-
20 zunehmen, und schenkte Moerus das Leben.

Am 4. September 1798 schickte Schiller seinem Freund das fertige Gedicht mit der Bitte, zu prüfen, ob er „alle Hauptmotive, die in dem Stoffe lagen, glücklich herausgefunden" habe.

1. Von welchen Hauptmotiven könnte Schiller sprechen?
2. Gliedern Sie den Text inhaltlich und machen Sie sich dabei Stichworte zu den verschiedenen Teilen der Handlung.
3. Schreiben Sie den Text um in eine Erzählung. Aus was für einer Perspektive schildern Sie die Handlung? Nehmen Sie Perspektivenwechsel vor? Erfinden Sie etwas dazu oder lassen Sie etwas weg?
4. Strukturieren Sie eine Ballade zu Ihrem Text. Welche Begebenheiten wird der Dichter ausbauen, welche wird er recht kurz darstellen? Wie viele Strophen verwenden Sie auf welche Episode?

1 Zu Dionys, dem Tyrannen, schlich
Damon, den Dolch im Gewande;
Ihn schlugen die Häscher in Bande.
„Was wolltest du mit dem Dolche, sprich!«
Entgegnet ihm finster der Wüterich.
„Die Stadt vom Tyrannen befreien!"
„Das sollst du am Kreuze bereuen."

2 „Ich bin", spricht jener, „zu sterben bereit
Und bitte nicht um mein Leben;
Doch willst du Gnade mir geben,
Ich flehe dich um drei Tage Zeit,
Bis ich die Schwester dem Gatten gefreit;
Ich lasse den Freund dir als Bürgen
Ihn magst du, entrinn ich, erwürgen."

3 Da lächelt der König mit arger List
Und spricht nach kurzem Bedenken:
„Drei Tage will ich dir schenken.
Doch wisse – wenn sie verstrichen, die Frist,
Eh du zurück mir gegeben bist,
So muß er statt deiner erblassen,
Doch dir ist die Strafe erlassen."

4 Und er kommt zum Freunde: „Der König gebeut,
Daß ich am Kreuz mit dem Leben
Bezahle das frevelnde Streben;
Doch will er mir gönnen drei Tage Zeit,
Bis ich die Schwester dem Gatten gefreit.
So bleib du dem König zum Pfande,
Bis ich komme, zu lösen die Bande."

5 Und schweigend umarmt ihn der treue Freund
Und liefert sich aus dem Tyrannen,
Der andere ziehet von dannen.
Und ehe das dritte Morgenrot scheint,
Hat er schnell mit dem Gatten die Schwester vereint,
Eilt heim mit sorgender Seele,
Damit er die Frist nicht verfehle.

6 Da gießt unendlicher Regen herab,
Von den Bergen stürzen die Quellen,
Und die Bäche, die Ströme schwellen.
Und er kommt ans Ufer mit wanderndem Stab
Da reißet die Brücke der Strudel hinab,
Und donnernd sprengen die Wogen
Des Gewölbes krachenden Bogen.

7 Und trostlos irrt er an Ufers Rand:
Wie weit er auch spähet und blicket
Und die Stimme, die rufende, schicket
Da stößet kein Nachen vom sichern Strand,

Der ihn setze an das gewünschte Land,
Kein Schiffer lenket die Fähre,
Und der wilde Strom wird zum Meere.

8 Da sinkt er ans Ufer und weint und fleht,
Die Hände zum Zeus erhoben:
„O hemme des Stromes Toben!
Es eilen die Stunden, im Mittag steht
Die Sonne, und wenn sie niedergeht
Und ich kann die Stadt nicht erreichen,
So muß der Freund mir erbleichen."

9 Doch wachsend erneut sich des Stromes Wut,
Und Welle auf Welle zerrinnet,
Und Stunde an Stunde entrinnet.
Da treibt ihn die Angst, da faßt er sich Mut
Und wirft sich hinein in die brausende Flut
Und teilt mit gewaltigen Armen
Den Strom, und ein Gott hat Erbarmen.

10 Und gewinnt das Ufer und eilet fort
Und danket dem rettenden Gotte;
Da stürzet die raubende Rotte
Hervor aus des Waldes nächtlichem Ort,
Den Pfad ihm sperrend, und schnaubet Mord
Und hemmet des Wanderers Eile
Mit drohend geschwungener Keule.

11 „Was wollt ihr?" ruft er vor Schrecken bleich
„Ich habe nichts als mein Leben,
Das muß ich dem Könige geben!"
Und entreißt die Keule dem nächsten gleich:
„Um des Freundes willen erbarmet euch!"
Und drei, mit gewaltigen Streichen,
Erlegt er, die andern entweichen.

12 Und die Sonne versendet glühenden Brand;
Und von der unendlichen Mühe
Ermattet sinken die Kniee:
„O hast du mich gnädig aus Räubershand,
Aus dem Strom mich gerettet ans heilige Land
Und soll hier verschmachtend verderben,
Und der Freund mir, der liebende, sterben!"

13 Und horch! da sprudelt es silberhell
Ganz nahe, wie rieselndes Rauschen,
Und stille hält er, zu lauschen;
Und sieh, aus dem Felsen, geschwätzig, schnell
Springt murmelnd hervor ein lebendiger Quell
Und freudig bückt er sich nieder
Und erfrischet die brennenden Glieder.

14 Und die Sonne blickt durch der Zweige Grün
Und malt auf den glänzenden Matten
Der Bäume gigantische Schatten;
Und zwei Wanderer sieht er die Straße ziehn,
Will eilenden Laufes vorüberfliehn,
Da hört er die Worte sie sagen:
„Jetzt wird er ans Kreuz geschlagen."

15 Und die Angst beflügelt den eilenden Fuß,
Ihn jagen der Sorge Qualen;
Da schimmern in Abendrots Strahlen
Von ferne die Zinnen von Syrakus,
Und entgegen kommt ihm Philostratus,
Des Hauses redlicher Hüter,
Der erkennet entsetzt den Gebieter:

16 „Zurück! du rettest den Freund nicht mehr,
So rette das eigene Leben!
Den Tod erleidet er eben.
Von Stunde zu Stunde gewartet' er
Mit hoffender Seele der Wiederkehr,
Ihn konnte den mutigen Glauben
Der Hohn des Tyrannen nicht rauben."

17 „Und ist es zu spät und kann ich ihm nicht
Ein Retter willkommen erscheinen,
So soll mich der Tod ihm vereinen.
Des rühme der blutge Tyrann sich nicht,
Daß der Freund dem Freunde gebrochen die Pflicht
Er schlachte der Opfer zweie
Und glaube an Liebe und Treue."

18 Und die Sonne geht unter, da steht er am Tor
Und sieht das Kreuz schon erhöhet,
Das die Menge gaffend umstehet;
An dem Seile schon zieht man den Freund empor,
Da zertrennt er gewaltig den dichten Chor:
„Mich, Henker!" ruft er, „erwürget!
Da bin ich, für den er gebürget."

19 Und Erstaunen ergreifet das Volk umher,
In den Armen liegen sich beide
Und weinen für Schmerzen und Freude.
Da sieht man kein Auge tränenleer,
Und zum Könige bringt man die Wundermär;
Der fühlt ein menschliches Rühren,
Läßt schnell vor den Thron sie führen.

20 Und blicket sie lange verwundert an;
Drauf spricht er: „Es ist euch gelungen,
Ihr habt das Herz mir bezwungen,
Und die Treue, sie ist doch kein leerer Wahn
So nehmet auch mich zum Genossen an.
Ich sei, gewährt mir die Bitte,
In eurem Bunde der Dritte." ═══

1. Erarbeiten Sie die formalen Elemente des Gedichtes und zeigen Sie, wie Schiller Spannung erzeugt. Wo finden sich Zeitangaben und wie entwickelt sich das Verhältnis von Erzählzeit und erzählter Zeit? – Tragen Sie dies in der Tabelle ein.

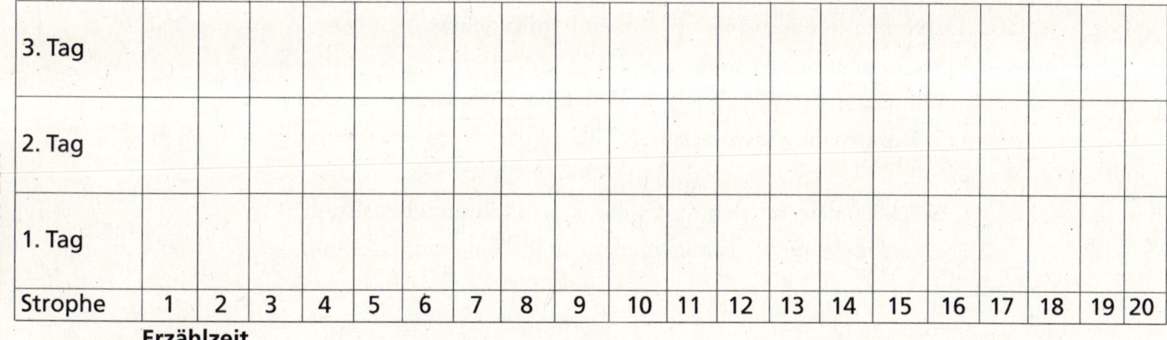

erzählte Zeit																				
3. Tag																				
2. Tag																				
1. Tag																				
Strophe	1	2	3	4	5	6	7	8	9	10	11	12	13	14	15	16	17	18	19	20

Erzählzeit

2. Erörtern Sie den politischen Gehalt des Gedichts. Wie wird der Tyrann dargestellt, wie der Attentäter und sein Freund? Wie sieht ihr jeweiliges Werte-System aus?
3. Welche Veränderungen nimmt Schiller gegenüber der antiken Sage vor?
4. Am 5.9.1798 antwortete Goethe folgendermaßen auf Schillers Brief: „[…] In der Bürgschaft möchte es physiologisch nicht ganz zu passieren sein, daß einer, der sich an einem regnigen Tag aus dem Strome gerettet, vor Durst umkommen will, da er noch ganz nasse Kleider haben mag. […] Ein ander schickliches Motiv, das aus dem Wanderer selbst hervorginge, fällt mir freilich zum Ersatz nicht ein; die beiden andern von außen, durch eine Naturbegebenheit und Menschengewalt, sind recht gut gefunden…"
   Zeigen Sie, wo Goethe die Funktion der Veränderungen Schillers sieht. Welches könnte der Grund dafür gewesen sein, dass Schiller nicht auf die Kritik Goethes einging und die Ballade unverändert ließ?
5. Welches (politische) Weltbild spricht aus diesem Gedicht Schillers? Wie könnte es auf dem Hintergrund des Verlaufs der Französischen Revolution zu verstehen sein?

Die zehn Jahre der Zusammenarbeit von Goethe und Schiller können als Höhepunkt der Weimarer Klassik angesehen werden. In ihnen entstanden die großen Dramen Schillers (u. a. *Wallenstein, Maria Stuart, Wilhelm Tell*) und Goethes Roman *Wilhelm Meisters Lehrjahre*. Außerdem nahm Goethe die Arbeit an seinem *Faust* wieder auf. Zu einem der wichtigsten Elemente der Zusammenarbeit beider aber wurden die *Xenien*, eine Sammlung von über 900 Distichen♦, die in z.T. sehr scharfer, polemischer Form mit literarischen Gegnern und dem literarischen Markt der Zeit überhaupt ins Gericht gingen. Ziel des Spottes der beiden „Dioskuren" waren unter anderem auch die Vertreter der Jenaer Romantik, die sich ihrerseits mit bitterbösen Parodien und Spottgedichten rächten. Daneben finden sich aber unter den *Xenien* auch einige Sätze, die das Weltbild und das dichterische Schaffen Schillers und Goethes schlaglichtartig beleuchten. Die *Xenien* (ironisch: „Gastgeschenke"; der Titel stammt aus einer Epigramm-Sammlung des römischen Dichters Martial) werden einmal dem Werk Goethes, ein anderes Mal dem Werk Schillers zugerechnet. Goethe selbst sagte später, sein Freund und er hätten so eng zusammengearbeitet, dass viele der Distichen Gemeinschaftsarbeit seien und er selbst überhaupt nicht mehr wisse, wer von beiden im einzelnen die restlichen geschrieben habe.

♦ zweizeiliges Gedicht, dessen erste Zeile ein Hexameter, die zweite ein Pentameter ist – beides sind sechshebige Verse aus Daktylen

Eine große Epoche hat das Jahrhundert geboren,
    Aber der große Moment findet ein kleines Geschlecht.

Ob die Menschen im ganzen sich bessern? Ich glaub es, denn einzeln
    Suche man, wie man auch will, sieht man doch gar nichts davon.

Deutschland, aber wo liegt es? Ich weiß das Land nicht zu finden,
    Wo das gelehrte beginnt, hört das politische auf.

Zur Nation euch zu bilden, ihr hoffet es, Deutsche, vergebens,
    Bildet, ihr könnt es, dafür freier zu Menschen euch aus.

Ach, wie sie Freiheit schrien und Gleichheit, geschwind wollt ich folgen,
    Und weil die Trepp mir zu lang deuchte, so sprang ich vom Dach.

Sorgend bewacht der Verstand des Wissens dürftigen Vorrat,
    Nur zu erhalten ist er, nicht zu erobern geschickt.

Willst du dich selber erkennen, so sieh wie die andern es treiben,
    Willst du die andern verstehn, blick in dein eigenes Herz.

Glücklich nenn ich den Autor, der in der Höhe den Beifall
    Findet, der deutsche muß nieder sich bücken dazu.

1. Suchen Sie sich einen der Sätze aus und versuchen Sie, die dahinter stehende Einstellung der Sache gegenüber gestisch in ein stehendes Bild umzusetzen (z. B. Spott, Mitteilung, Ratschlag, Bewunderung o.ä.).
2. Welche Themen werden in den hier abgedruckten Distichen angesprochen?

3. Wie stehen Schiller und Goethe zu diesen Themen? – Formulieren Sie jeweils eine knappe Erläuterung zu den einzelnen Distichen. Welche können als noch aktuell angesehen werden?

Ende 1799 zog Schiller dauerhaft nach Weimar und die Beziehung zu Goethe wurde dadurch noch intensiver. Schiller überwand mit einer ungeheuren Energie immer wieder Anfälle seiner Krankheit und schrieb und arbeitete wie besessen. Im Jahr 1802 wurde auch er in den Adelsstand erhoben, doch er reagierte darauf wie Goethe: mit Gleichmut. Für seine Position in Weimar war es jedoch von Vorteil, denn nun hatten seine Frau und er Zutritt auch zu offiziellen Hofgesellschaften. Im April und Mai 1804, auf dem Höhepunkt seines Ruhms, war Schiller das gefeierte Zentrum des kulturellen und höfischen Lebens, doch bald schon meldeten sich verstärkt seine gesundheitlichen Beschwerden. Im Winter 1804 auf 1805 erkrankten Goethe und Schiller lebensgefährlich und erholten sich nur langsam. Bei Schiller war es nur ein letztes Aufflackern. Noch einmal konnte er die Krankheit überwinden und noch einmal war er ganz von dem Vorhaben durchdrungen, das Drama zu Ende zu bringen, an dem er gerade schrieb: den *Demetrius*. In einem bezeichnenden Brief an Wilhelm von Humboldt vom 2. April 1805 heißt es darüber: „Und am Ende sind wir ja beide Idealisten und würden uns schämen, uns nachsagen zu lassen, daß die Dinge uns formten und nicht wir die Dinge." Doch es gelang ihm nicht, die Krankheit ein weiteres Mal zu überwinden. Er starb am 9. Mai. Der Herzog befahl seinem Leibarzt, die Todesursache Schillers herauszufinden. Dessen Bericht lautet folgendermaßen:

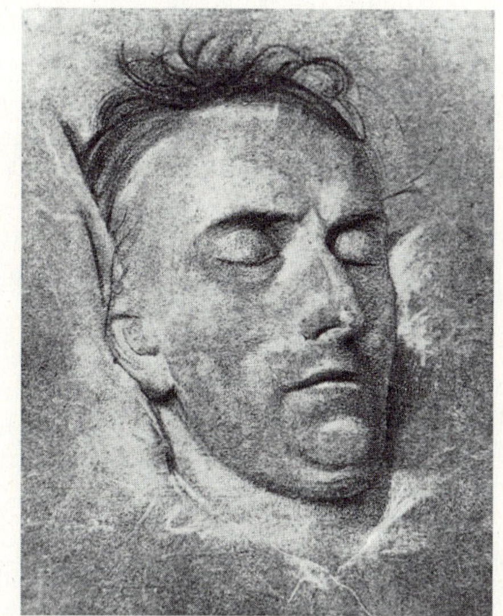
Schiller auf dem Totenbett

Die Rippenknorpel waren durchgängig und sehr stark verknöchert.
Die rechte Lunge mit der Pneura von hinten nach vorne u. selbst mit dem Herzbeutel ligamentartig so verwachsen, daß es kaum mit dem Messer gut zu trennen war. Diese Lunge war faul u. brandig, breiartig u. ganz
5 desorganisiert.
Die linke Lunge besser, marmoriert mit Eiterpunkten.
Das Herz stellte einen leeren Beutel vor u. hatte sehr viel Runzeln, war häutig ohne Muskelsubstanz. Diesen häutigen Sack konnte man in kleine Stücke zerflocken.
10 Die Leber natürl., nur die Ränder brandig.
Die Gallenblase noch einmal so groß als im natürl. Zustande und strotzend vor Galle.
Die Milz um 2/3tel größer als sonst
Der vordere conkave Rand der Leber mit allen naheliegenden Teilen bis
15 zum Rückgrat verwachsen.
Die rechte u. linke Niere in ihrer Substanz aufgelöst u. völlig verwachsen.
Auf der rechten Seite alle Därme mit dem Eritonäum verwachsen.
Urinblase u. Magen waren allein natürl.

20 Bei diesen Umständen muß man sich wundern, wie der arme Mann so lange hat leben können.

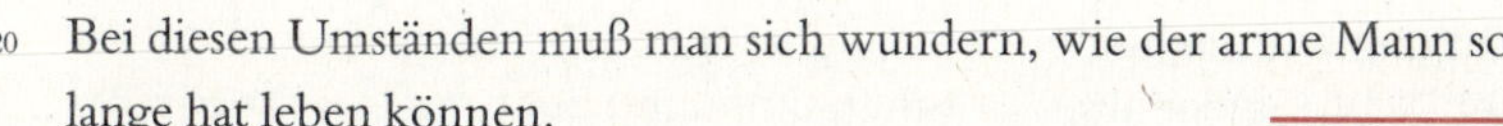

Für Goethe war Schillers Tod ein furchtbarer Schlag. Was er von nun an schrieb, unterscheidet sich wesentlich von den Werken, die der Weimarer Klassik zuzurechnen sind, angefangen bei einem seiner Hauptwerke, dem *Faust*. Die Weimarer Klassik war als literarische Epoche zu ihrem Ende gekommen. Ihr Gedankengut aber wirkte weiter – auch in ganz konkreter politischer, sozialer und naturwissenschaftlicher Form, und zwar in Gestalt der beiden Brüder Wilhelm und Alexander von Humboldt.

BOTSCHAFTER DER BILDUNGSIDEE –
WILHELM VON HUMBOLDT

Es gibt schlechterdings gewisse Kenntnisse, die allgemein sein müssen, und noch mehr eine Bildung der Gesinnungen und des Charakters, die keinem fehlen darf. Jeder ist offenbar nur dann guter Handwerker, Kaufmann, Soldat und Geschäftsmann, wenn er an sich und ohne Hinsicht auf seinen besonderen Beruf ein guter, anständiger, seinem Stande nach aufgeklärter Bürger ist.

Der wahre Zweck des Menschen ist die höchste und proportionierlichste Bildung seiner Kräfte zu einem Ganzen. Zu dieser Bildung ist Freiheit die erste und unerläßlichste Bedingung.

Wilhelm v. Humboldt

Der Verfasser dieser Zeilen, Wilhelm von Humboldt (1767–1835), ist aus dem Umfeld der Weimarer Klassik nicht wegzudenken. Zwar sind seine poetischen Werke unbedeutend, doch als universal gebildetes Bindeglied zwischen den Dichtern Weimars und der konkreten politischen Umsetzung ihrer Gedanken in der preußischen und damit z.T. sogar europäischen Politik kann seine Bedeutung nicht hoch genug eingeschätzt werden. Er war gewissermaßen der Botschafter der Epoche in allen europäischen Zentren – deren Hauptsprachen er beherrschte.

Humboldt wurde 1809 zum Direktor der Sektion für Kultus und Unterricht im preußischen Innenministerium ernannt und in dieser Funktion begann er gleich mit einschneidenden Reformen. Er wollte ein möglichst freies Bildungssystem und sah die Aufgabe des Staates vor allem darin, den einzelnen zu schützen und zu fördern. Jeder einzelne sollte nach Humboldt die Möglichkeit haben, sich gemäß seiner Fähigkeiten zu bilden und zu verwirklichen – unbeeinflusst durch staatlichen Dirigismus. Das bedeutete im Grunde das Prinzip der Freiheit von Lehre und Forschung. In diesem Rahmen setzte er sich auch vehement für die Gleichheit der Bildungschancen ein, jedoch nicht ohne gleichzeitig besondere Fähigkeiten zu fördern. Dies lief letztendlich auf eine Egalisierung der Stände hinaus – die von Humboldt auch durchaus beabsichtigt war –, was ihm natürlich Kritik von Klerus und Adel einbrachte und dazu führte, dass er schon bald auf eine andere Position abgeschoben wurde.

Humboldt wollte – wie Schiller und Goethe – die menschliche Kultur nach antikem Vorbild reformieren. Im Geist der klassischen Antike sah er das Idealbild des ganzheitlichen Menschen verwirklicht und wie die beiden Dichter glaubte er, den Menschen durch die Bekanntschaft mit der Dichtung der alten Griechen und überhaupt mit ihrer Lebensart bilden und bessern zu können, und zwar hinsichtlich der „Stärke der intellektuellen Güte der moralischen und Reizbarkeit und Empfänglichkeit der ästhetischen Fähigkeiten".

1. Wo sehen Sie in den beiden Textpassagen die Bezüge von Humboldts Denken zur Dichtung der „Weimarer Klassiker"?

 2. „Der wahre Zweck des Menschen ist die höchste und proportionierlichste Bildung seiner Kräfte zu einem Ganzen." – Wie verstehen Sie diesen Satz? Hat er Ihrer Ansicht nach auch heute noch Gültigkeit?

 3. „Der wahre Zweck des Menschen ist ..." – Vervollständigen Sie den Satz (evtl. aus verschiedenen Perspektiven von heute) und begründen Sie Ihre Wahl.

Das Land der Griechen mit der Seele suchend

Goethes Schauspiel *Iphigenie auf Tauris* gilt als eines der epochentypischsten Dramen der Weimarer Klassik. Innerhalb weniger Wochen, nämlich von Mitte Februar bis Ende März 1779, schrieb Goethe die erste (Prosa-)Fassung seiner *Iphigenie*. Aus zahlreichen Äußerungen in Briefen und in seinem Tagebuch geht hervor, dass er sich oft geradezu zur Arbeit an diesem Drama zwingen musste – nicht zuletzt deshalb, weil er den Widerspruch zwischen der sozialen Wirklichkeit im Herzogtum Weimar und der literarischen Welt in seinem Drama durchaus erkannte. So schrieb er z. B. am 6.3.1779 angesichts des sozialen Elends der Bevölkerung von Apolda, einem Dorf in der Nähe von Weimar, an Frau von Stein: „Hier will das Drama gar nicht fort, es ist verflucht, der König von Tauris soll reden, als ob kein Strumpfwürker in Apolde hungerte." Trotz alledem arbeitete er zügig weiter. Der Grund dafür ist, dass das Drama zu einem bestimmten Termin fertig sein sollte. Aller Wahrscheinlichkeit nach ist die *Iphigenie* nämlich ursprünglich verfasst als eine Huldigung Goethes an die Weimarer Herzogin Luise, und zwar anlässlich ihres Geburtstages und der Taufe ihrer Tochter Amalia. Zu solchen Anlässen war es Sitte, ein Singspiel oder ähnliches aufzuführen, doch dieses Mal hatte Goethe größere Ansprüche: Er wollte etwas bringen, „das nicht ganz mit Glanzleinwand-Lumpen gekleidet sei". Er wollte also kein anspruchsloses Modestück, sondern er wollte „einigen guten Menschen Freude [...] machen und einige Hände Salz in's Publicum [...] werfen". Dies bedeutet nicht etwa, dass er hätte provozieren wollen, aber er wollte eine Alternative zu den bisher häufig aufgeführten „Sonntagsstücken". Sein Freund Knebel sollte bei der Uraufführung am 6.4.1779 mitwirken und er selbst übernahm die Rolle des Orest. Die Uraufführung fand im kleinen Kreis der Weimarer Hofgesellschaft statt – wobei nur die Rolle der Iphigenie von einer Berufsschauspielerin besetzt war, die anderen von Mitgliedern des Hofs. So war es denn auch kein Wunder, dass das Stück allein schon wegen seiner illustren Besetzung in dieser Gesellschaft sehr gut ankam. Es war ein gebildetes, sozusagen „empfindsames" Publikum, und es ist überaus bezeichnend, dass Goethe das Drama zunächst offenbar gar nicht drucken lassen wollte, denn er wusste, dass das Publikum der Uraufführung als eigentlicher und ursprünglicher Adressat des Stücks keinen repräsentativen Querschnitt eines durchschnittlichen Theaterpublikums darstellte. Goethe war sich sehr wohl bewusst, dass das Drama woanders als bei der Weimarer Hofgesellschaft kaum ankommen würde. Er wollte die *Iphigenie* nicht, „wie sie jetzo ist, mehrmals abschreiben lassen und unter die Leute geben" und sagte, sie sei noch „viel zu nachlässig geschrieben", wie es in Briefen an Lavater (13.10.80) und Dalberg (21.7.79) heißt. So arbeitete Goethe das Drama noch dreimal um und steckte dabei ungeheuer viel Energie und Begeisterung in seinen Text. Warum tat er das? Warum lag ihm so an diesem Stück und an diesem Thema?

*In Apolda wurden im sog. „Verlagssystem" Strümpfe hergestellt. Die Arbeiter erhielten die Materialien und wurden nach Stückpreis bezahlt.

Goethe als Orest mit Corona Schröter

ES SPRICHT KEIN GOTT; ES SPRICHT DEIN EIGNES HERZ – DIE EXPOSITION

Dem Schauspiel liegt eine griechische Sage zugrunde: Iphigenie, die Tochter des Griechenkönigs Agamemnon und seiner Gemahlin Klytemnästra, soll auf Anraten eines Sehers der Griechen der Göttin Artemis (= Diana) geopfert werden, damit das griechische Heer auf seinem Feldzug gegen Troja weiterkommt. Artemis erbarmt sich jedoch ihres Opfers und trägt Iphigenie zu der fernen Halbinsel Tauris, wo sie diese zu ihrer Priesterin macht. Die Taurier gelten als rauher Volksstamm, der alle Schiffsbrüchigen und Fremden der Artemis opfert.
Eben auf diese Halbinsel verschlägt nun ein weiterer Orakelspruch den Bruder der Iphigenie, Orest, und seinen Freund Pylades, die jedoch nicht wissen, dass Orests Schwester dort Priesterin ist. Das Orakel bestimmt dem Griechen, das Bildnis der Göttin aus dem Artemis-Tempel zu rauben, da es ihr auf Tauris nicht mehr gefalle. Orest und Pylades begeben sich nach Tauris, werden gefangen und zum Tode verurteilt. Mittlerweile erfahren die Geschwister von der Identität des jeweils anderen und Iphigenie schmiedet einen Plan: Sie gibt vor, das durch die Gefangenen „entweihte" Bildnis am Meer reinigen zu müssen, und die Flucht gelingt. Die empörten Taurier wollen die Griechen zunächst verfolgen, doch nun greift die Göttin selbst ein und befiehlt, sie ziehen zu lassen.

Goethe verändert einige wesentliche Elemente der antiken Sage, indem er das Verhältnis von Menschen und Göttern neu definiert.
In dem Drama treten folgende Personen auf:

Iphigenie
Thoas, *König der Taurier*
Orest
Pylades
Arkas *[ein Vertrauter des Königs]*

Schauplatz: *Hain vor Dianens Tempel*

Iphigenie auf Tauris. Gemälde von Anselm Feuerbach
(1829–1880), Staatsgalerie Stuttgart

ERSTER AUFZUG

Erster Auftritt

IPHIGENIE: Heraus in eure Schatten, rege Wipfel
Des alten, heil'gen, dichtbelaubten Haines
Wie in der Göttin stilles Heiligtum,
Tret' ich noch jetzt mit schauderndem Gefühl
5   Als wenn ich sie zum erstenmal beträte,
Und es gewöhnt sich nicht mein Geist hierher.
So manches Jahr bewahrt mich hier verborgen
Ein hoher Wille, dem ich mich ergebe;
Doch immer bin ich, wie im ersten, fremd.
10 Denn ach! mich trennt das Meer von den Geliebten,
Und an dem Ufer steh' ich lange Tage,
Das Land der Griechen mit der Seele suchend;
Und gegen meine Seufzer bringt die Welle
Nur dumpfe Töne brausend mir herüber.
15 Weh dem, der fern von Eltern und Geschwistern
Ein einsam Leben führt! Ihm zehrt der Gram
Das nächste Glück vor seinen Lippen weg,
Ihm schwärmen abwärts immer die Gedanken
Nach seines Vaters Hallen, wo die Sonne
20 Zuerst den Himmel vor ihm aufschloß, wo

Sich Mitgeborne spielend fest und fester
Mit sanften Banden an einander knüpften.
Ich rechte mit den Göttern nicht; allein
Der Frauen Zustand ist beklagenswert.
25 Zu Haus und in dem Kriege herrscht der Mann,
Und in der Fremde weiß er sich zu helfen.
Ihn freuet der Besitz; ihn krönt der Sieg!
Ein ehrenvoller Tod ist ihm bereitet.
Wie eng-gebunden ist des Weibes Glück!
30 Schon einem rauhen Gatten zu gehorchen,
Ist Pflicht und Trost; wie elend, wenn sie gar
Ein feindlich Schicksal in die Ferne treibt!
So hält mich Thoas hier, ein edler Mann,
In ernsten, heil'gen Sklavenbanden fest.
35 O wie beschämt gesteh' ich, daß ich dir
Mit stillem Widerwillen diene, Göttin,
Dir, meiner Retterin! Mein Leben sollte
Zu freiem Dienste dir gewidmet sein.
Auch hab' ich stets auf dich gehofft und hoffe
40 Noch jetzt auf dich, Diana, die du mich,
Des größten Königes verstoßne Tochter,
In deinen heil'gen, sanften Arm genommen.
Ja, Tochter Zeus', wenn du den hohen Mann
Den du die Tochter fordernd, ängstigtest,
45 Wenn du den göttergleichen Agamemnon,
Der dir sein Liebstes zum Altare brachte,
Von Trojas umgewandten Mauern rühmlich
Nach seinem Vaterland zurückbegleitet,
Die Gattin ihm, Elektren♦ und den Sohn,
50 Die schönen Schätze, wohl erhalten hast:
So gib auch mich den Meinen endlich wieder
Und rette mich, die du vom Tod errettet,
Auch von dem Leben hier, dem zweiten Tode!

Musentempel in Tiefurt bei Weimar

♦ Elektra, Schwester
von Iphigenie

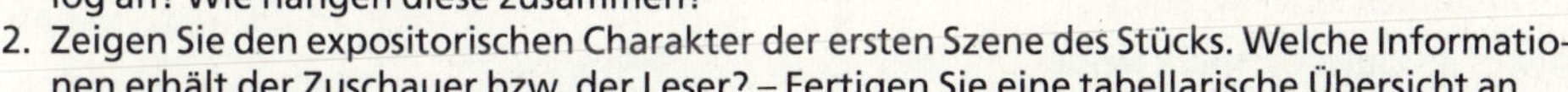

1. Übertragen Sie Iphigenies Monolog in heutiges Deutsch und gliedern Sie den Text, indem
   Sie Teilüberschriften einsetzen. Welche Themenkreise spricht sie in ihrem Eingangsmonolog an? Wie hängen diese zusammen? 
2. Zeigen Sie den expositorischen Charakter der ersten Szene des Stücks. Welche Informationen erhält der Zuschauer bzw. der Leser? – Fertigen Sie eine tabellarische Übersicht an. 
3. Die Göttin nimmt in einem Bericht an Göttervater Zeus Stellung zu Iphigenies Haltung ihr
   gegenüber. Was schreibt sie ihm? 

In der 2. Szene des 1. Aufzugs kommt Arkas, der Vertraute von König Thoas, zu Iphigenie, um diese darauf vorzubereiten, dass Thoas ihr einen Heiratsantrag machen will. Iphigenie empfindet dies als Bedrohung. Arkas sieht in einer Zurückweisung seines Königs jedoch eine Beleidigung und verweist darauf, dass sein König nur aus Liebe den Brauch des Menschenopfers eingestellt habe.
Er deutet an, eine Weigerung Iphigenies könne zur Wiedereinführung dieses Brauchs führen.

ERSTER AUFZUG

Dritter Auftritt

Iphigenie. Thoas.

220 IPHIGENIE: Mit königlichen Gütern segne dich
     Die Göttin! Sie gewähre Sieg und Ruhm
     Und Reichtum und das Wohl der Deinigen
     Und jedes frommen Wunsches Fülle dir!
     Daß, der du über viele sorgend herrschest,
225   Du auch vor vielen seltnes Glück genießest.
     THOAS: Zufrieden wär' ich, wenn mein Volk mich rühmte;
     Was ich erwarb, genießen andre mehr
     Als ich. Der ist am glücklichsten, er sei
     Ein König oder ein Geringer, dem
230   In seinem Hause wohl bereitet ist.
     Du nahmest teil an meinen tiefen Schmerzen,
     Als mir das Schwert der Feinde meinen Sohn,
     Den letzten, besten, von der Seite riß.
     Solang' die Rache meinen Geist besaß,
235   Empfand ich nicht die Öde meiner Wohnung;
     Doch jetzt, da ich befriedigt wiederkehre,
     Ihr Reich zerstört, mein Sohn gerochen♦ ist,
     Bleibt mir zu Hause nichts, das mich ergetze.
     Der fröhliche Gehorsam, den ich sonst
240   Aus einem jeden Auge blicken sah,
     Ist nun von Sorg' und Unmut still gedämpft.
     Ein jeder sinnt, was künftig werden wird,
     Und folgt dem Kinderlosen, weil er muß.
     Nun komm' ich heut' in diesen Tempel, den
245   Ich oft betrat, um Sieg zu bitten und
     Für Sieg zu danken. Einen alten Wunsch
     Trag' ich im Busen, der auch dir nicht fremd
     Noch unerwartet ist: ich hoffe, dich,
     Zum Segen meines Volks und mir zum Segen,
250   Als Braut in meine Wohnung einzuführen.
     IPHIGENIE: Der Unbekannten bietest du zu viel,
     O König, an. Es steht die Flüchtige
     Beschämt vor dir, die nichts an diesem Ufer
     Als Schutz und Ruhe sucht, die du ihr gabst.
255   THOAS: Daß du in das Geheimnis deiner Abkunft
     Vor mir wie vor dem Letzten stets dich hüllest,
     Wär' unter keinem Volke recht und gut.
     Dies Ufer schreckt die Fremden: das Gesetz
     Gebietet's und die Not. Allein von dir,
260   Die jedes frommen Rechts genießt, ein wohl
     Von uns empfangner Gast, nach eignem Sinn

♦ gerächt

Sprachhandlung; mögliche Gestik

Und Willen ihres Tages sich erfreut,
Von dir hofft' ich Vertrauen, das der Wirt
Für seine Treue wohl erwarten darf.
265 IPHIGENIE: Verbarg ich meiner Eltern Namen und
Mein Haus, o König, war's Verlegenheit,
Nicht Mißtraun. Denn vielleicht, ach! wüßtest du,
Wer vor dir steht, und welch verwünschtes Haupt
Du nährst und schützest: ein Entsetzen faßte
270 Dein großes Herz mit seltnem Schauer an,
Und statt die Seite deines Thrones mir
Zu bieten, triebest du mich vor der Zeit
Aus deinem Reiche; stießest mich vielleicht,
Eh' zu den Meinen frohe Rückkehr mir
275 Und meiner Wandrung Ende zugedacht ist,
Dem Elend zu, das jeden Schweifenden,
Von seinem Haus Vertriebnen überall
Mit kalter, fremder Schreckenshand erwartet.
THOAS: Was auch der Rat der Götter mit dir sei,
280 Und was sie deinem Haus und dir gedenken,
So fehlt es doch, seitdem du bei uns wohnst
Und eines frommen Gastes Recht genießest,
An Segen nicht, der mir von oben kommt.
Ich möchte schwer zu überreden sein,
285 Daß ich an dir ein schuldvoll Haupt beschütze.
IPHIGENIE: Dir bringt die Wohltat Segen, nicht der Gast,
THOAS: Was man Verruchten tut, wird nicht gesegnet.
Drum endige dein Schweigen und dein Weigern!
Es fordert dies kein ungerechter Mann.
290 Die Göttin übergab dich meinen Händen;
Wie du ihr heilig warst, so warst du's mir.
Auch sei ihr Wink noch künftig mein Gesetz:
Wenn du nach Hause Rückkehr hoffen kannst
So sprech' ich dich von aller Fordrung los.
295 Doch ist der Weg auf ewig dir versperrt,
Und ist dein Stamm vertrieben oder durch
Ein ungeheures Unheil ausgelöscht,
So bist du mein durch mehr als ein Gesetz.
Sprich offen! und du weißt, ich halte Wort.
300 IPHIGENIE: Vom alten Bande löset ungern sich
Die Zunge los, ein langverschwiegenes
Geheimnis endlich zu entdecken. Denn
Einmal vertraut, verläßt es ohne Rückkehr
Des tiefen Herzens sichre Wohnung, schadet,
305 Wie es die Götter wollen, oder nützt.
Vernimm! Ich bin aus Tantalus' Geschlecht. […]

Iphigenie erzählt nun die Geschichte ihrer Abstammung: Ihr Ahnherr ist Tantalus, einst ein Liebling der Götter, der aber dann übermütig wurde und ihre Allwissenheit durch eine Untat testen wollte. Dadurch zog er den Zorn der Götter auf sich. Als Folge lastet nun auf dem ganzen Geschlecht der Tantaliden ein Fluch, der sich in den verschiedensten neuerlichen Untaten von Ahnen Iphigenies äußert. Iphigenie hofft, Thoas werde sie nun nicht mehr zur Frau haben wollen, doch er hält an seinem Antrag fest. Daraufhin flieht sie in die Ausrede, als Priesterin der Göttin dienen zu müssen, was wiederum Thoas nicht gelten lässt:

THOAS: […]

450 Man spricht vergebens viel, um zu versagen;
Der andre hört von allem nur das Nein.

IPHIGENIE: Nicht Worte sind es, die nur blenden sollen:
Ich habe dir mein tiefstes Herz entdeckt.
Und sagst du dir nicht selbst, wie ich dem Vater,

455 Der Mutter, den Geschwistern mich entgegen
Mit ängstlichen Gefühlen sehnen muß?
Daß in den alten Hallen, wo die Trauer
Noch manchmal stille meinen Namen lispelt,
Die Freude, wie um eine Neugeborne,

460 Den schönsten Kranz von Säul' an Säulen schlinge.
O sendetest du mich auf Schiffen hin!
Du gäbest mir und allen neues Leben.

THOAS: So kehr' zurück! Tu, was dein Herz dich heißt
Und höre nicht die Stimme guten Rats

465 Und der Vernunft. Sei ganz ein Weib und gib
Dich hin dem Triebe, der dich zügellos
Ergreift und dahin oder dorthin reißt.
Wenn ihnen eine Lust im Busen brennt,
Hält vom Verräter sie kein heilig Band,

470 Der sie dem Vater oder dem Gemahl
Aus langbewährten, treuen Armen lockt;
Und schweigt in ihrer Brust die rasche Glut,
So dringt auf sie vergebens treu und mächtig
Der Überredung goldne Zunge los.

475 IPHIGENIE: Gedenk', o König, deines edeln Wortes!
Willst du mein Zutraun so erwidern? Du
Schienst vorbereitet, alles zu vernehmen.

THOAS: Aufs Ungehoffte war ich nicht bereitet;
Doch sollt' ich's auch erwarten: wußt' ich nicht

480 Daß ich mit einem Weibe handeln ging?

IPHIGENIE: Schilt nicht, o König, unser arm Geschlecht.
Nicht herrlich wie die euern, aber nicht
Unedel sind die Waffen eines Weibes.
Glaub' es, darin bin ich dir vorzuziehn

485 Daß ich dein Glück mehr als du selber kenne.
Du wähnest, unbekannt mit dir und mir,
Ein näher Band werd' uns zum Glück vereinen.
Voll guten Mutes, wie voll guten Willens,
Dringst du in mich, daß ich mich fügen soll;

490 Und hier dank ich den Göttern, daß sie mir
Die Festigkeit gegeben, dieses Bündnis
Nicht einzugehen, das sie nicht gebilligt.

THOAS: Es spricht kein Gott; es spricht dein eignes Herz.

IPHIGENIE: Sie reden nur durch unser Herz zu uns.

495 THOAS: Und hab' *ich*, sie zu hören, nicht das Recht?

IPHIGENIE: Es überbraust der Sturm die zarte Stimme.

THOAS: Die Priesterin vernimmt sie wohl allein?

IPHIGENIE: Vor allen andern merke sie der Fürst.

THOAS: Dein heilig Amt und dein geerbtes Recht

500 An Jovis Tisch bringt dich den Göttern näher
Als einen erdgebornen Wilden.

Sprachhandlung; mögliche Gestik

IPHIGENIE: So
    Büß' ich nun das Vertraun, das du erzwangst.
THOAS: Ich bin ein Mensch; und besser ist's, wir enden.
    So bleibe denn mein Wort: Sei Priesterin
505 Der Göttin, wie sie dich erkoren hat;
    Doch mir verzeih' Diane, daß ich ihr
    Bisher, mit Unrecht und mit innerm Vorwurf,
    Die alten Opfer vorenthalten habe.
    Kein Fremder nahet glücklich unserm Ufer:
510 Von alters her ist ihm der Tod gewiß.
    Nur du hast mich mit einer Freundlichkeit,
    In der ich bald der zarten Tochter Liebe,
    Bald stille Neigung einer Braut zu sehn
    Mich tief erfreute, wie mit Zauberbanden
515 Gefesselt, daß ich meiner Pflicht vergaß.
    Du hattest mir die Sinnen eingewiegt,
    Das Murren meines Volks vernahm ich nicht;
    Nun rufen sie die Schuld von meines Sohnes
    Frühzeit'gem Tode lauter über mich.
520 Um deinetwillen halt' ich länger nicht
    Die Menge, die das Opfer dringend fordert.
IPHIGENIE: Um meinetwillen hab' ich's nie begehrt.
    Der mißversteht die Himmlischen, der sie
    Blutgierig wähnt: er dichtet ihnen nur
525 Die eignen grausamen Begierden an.
    Entzog die Göttin mich nicht selbst dem Priester?
    Ihr war mein Dienst willkommner als mein Tod.
THOAS: Es ziemt sich nicht für uns, den heiligen
    Gebrauch mit leicht beweglicher Vernunft
530 Nach unserm Sinn zu deuten und zu lenken.
    Tu deine Pflicht, ich werde meine tun.
    Zwei Fremde, die wir in des Ufers Höhlen
    Versteckt gefunden und die meinem Lande
    Nichts Gutes bringen, sind in meiner Hand.
535 Mit diesen nehme deine Göttin wieder
    Ihr erstes, rechtes, lang' entbehrtes Opfer!
    Ich sende sie hierher; du weißt den Dienst.

Sprachhandlung; mögliche Gestik

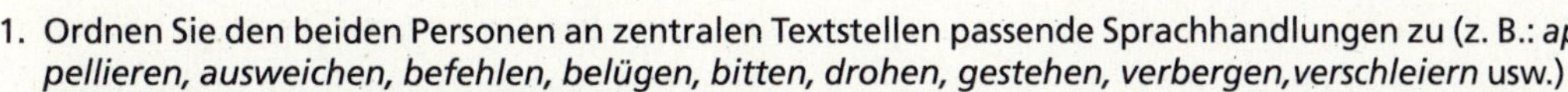

1. Ordnen Sie den beiden Personen an zentralen Textstellen passende Sprachhandlungen zu (z. B.: *appellieren, ausweichen, befehlen, belügen, bitten, drohen, gestehen, verbergen, verschleiern* usw.)
2. Schreiben Sie die markierte Textstelle um in heutiges Deutsch und finden Sie heraus, was bei dieser schnellen Wechselrede (= Stichomythie) unausgesprochen bleibt. Formulieren Sie auch diese unausgesprochenen Inhalte.
3. Schreiben Sie in die Denkblasen die Gedanken derjenigen Person, die gerade zuhört. Stellen Sie die jeweilige Textstelle zu zweit dar.
4. Wie entwickelt sich das Verhältnis von Iphigenie und Thoas? – Tragen Sie die gegenseitige Annäherung und Entfernung nach folgendem Muster in ein Schaubild ein.

Iphigenie ? Thoas									
Zeile	218–238	239–258	259–278	279–298	299–306	450–460	461–480	481–500	501–537

5. Was ist Thoas für ein Mensch? – Suchen Sie nach Textstellen, die ihn charakterisieren. Wie würden Sie die Rolle des Thoas besetzen?
6. Was halten Sie von Thoas' Versprechen (V. 292 f.)?
7. Entwerfen Sie einen Monolog von Thoas, in dem dieser das Gespräch mit Iphigenie und seine weitere Vorgehensweise reflektiert. Wie könnte der entsprechende Monolog Iphigenies aussehen?

ES FÜRCHTE DIE GÖTTER DAS MENSCHENGESCHLECHT – IPHIGENIES MONOLOGE

„Das Stück hat seine Schwierigkeiten. Es ist reich an *innerem* Leben, aber *arm* an äußerem. Daß aber das innere Leben hervorgekehrt werde, daran liegt's." Diese Sätze sagte Goethe am 1. 4. 1827 zu seinem Chronisten Eckermann und Schiller drückt Ähnliches aus, wenn er – positiv formulierend – am 22. 1. 1802 an Goethe unter anderem schreibt: „Es gehört nun freilich zu dem eigenen Charakter dieses Stücks, daß dasjenige, was man eigentlich Handlung nennt, hinter den Coulissen vorgeht, und das Sittliche, was im Herzen vorgeht, die Gesinnung, darin zur Handlung gemacht ist und gleichsam vor Augen gebracht wird."

Goethes Stück wird oft auch als „Seelendrama" bezeichnet, weil der eigentliche Konflikt nicht aus dem Beziehungsgeflecht zwischen den dramatischen Personen herrührt, sondern sich als tragischer Konflikt allein im Innern der Iphigenie abspielt. Dies wird im Drama vor allem durch die Monologe Iphigenies deutlich, die ihre zunehmende Zerrissenheit und schließlich ihre Wandlung widerspiegeln. Nach dem Gespräch mit Thoas spitzt sich die Lage dramatisch zu. Die beiden auf der Insel entdeckten Fremden werden Iphigenie übergeben, damit sie sie zum Menschenopfer vorbereite. Sie jedoch löst ihre Fesseln, und nach einiger Zeit stellt sich heraus, dass es Iphigenies Bruder Orest und dessen Freund Pylades sind, die, vermeintlich einem Orakelspruch folgend, „das Bild der Göttin" aus dem Tempel entwenden und nach Griechenland bringen sollen. Orest ist der Mörder seiner Mutter, weil diese wiederum zusammen mit ihrem Geliebten den aus dem Krieg zurückkehrenden Gatten umbrachte. Seit dem Mord ist Orest, von den „Rachegöttinnen" in seinem eigenen Inneren gehetzt, in tiefe Schwermut verfallen. Durch die Begegnung mit seiner Schwester wird er jedoch geheilt und der listige Pylades entwickelt einen Fluchtplan: Iphigenie soll vortäuschen, das Götterbild sei durch die gefangenen Griechen „entheiligt" worden und sie müsse es nun am Meer neu weihen. Diese Gelegenheit wollen die Griechen zur Flucht nützen. Iphigenie jedoch hat Skrupel:

Vierter Aufzug

Erster Auftritt

IPHIGENIE: Denken die Himmlischen
1370 Einem der Erdgebornen
Viele Verwirrungen zu,
Und bereiten sie ihm
Von der Freude zu Schmerzen
Und von Schmerzen zur Freude
1375 Tief erschütternden Übergang:
Dann erziehen sie ihm
In der Nähe der Stadt,
Oder am fernen Gestade,
Daß in Stunden der Not
1380 Auch die Hilfe bereit sei,
Einen ruhigen Freund.
O segnet, Götter, unsern Pylades
Und was er immer unternehmen mag!
Er ist der Arm des Jünglings in der Schlacht,
1385 Des Greises leuchtend Aug' in der Versammlung:
Denn seine Seel' ist stille; sie bewahrt
Der Ruhe heil'ges unerschöpftes Gut,
Und den Umhergetriebnen reichet er
Aus ihren Tiefen Rat und Hilfe. Mich
1390 Riß er vom Bruder los; den staunt' ich an
Und immer wieder an, und konnte mir
Das Glück nicht eigen machen, ließ ihn nicht
Aus meinen Armen los, und fühlte nicht
Die Nähe der Gefahr, die uns umgibt.

1395 Jetzt gehn sie, ihren Anschlag auszuführen,
Der See zu, wo das Schiff mit den Gefährten,
In einer Bucht versteckt, aufs Zeichen lauert,
Und haben kluges Wort mir in den Mund
Gegeben, mich gelehrt, was ich dem König
1400 Antworte, wenn er sendet und das Opfer
Mir dringender gebietet. Ach! ich sehe wohl
Ich muß mich leiten lassen wie ein Kind.
Ich habe nicht gelernt, zu hinterhalten,
Noch jemand etwas abzulisten. Weh!
1405 O weh der Lüge! Sie befreit nicht,
Wie jedes andre, wahrgesprochne Wort,
Die Brust: sie macht uns nicht getrost, sie ängstet
Den, der sie heimlich schmiedet, und sie kehrt,
Ein losgedruckter Pfeil, von einem Gotte
1410 Gewendet und versagend, sich zurück
Und trifft den Schützen. Sorg' auf Sorge schwankt
Mir durch die Brust. Es greift die Furie
Vielleicht den Bruder auf dem Boden wieder
Des ungeweihten Ufers grimmig an.
1415 Entdeckt man sie vielleicht? Mich dünkt, ich höre
Gewaffnete sich nahen! – Hier! – Der Bote
Kommt von dem Könige mit schnellem Schritt.
Es schlägt mein Herz, es trübt sich meine Seele,
Da ich des Mannes Angesicht erblicke,
1420 Dem ich mit falschem Wort begegnen soll.

In der nächsten Szene spricht Iphigenie mit Arkas, den sie eigentlich sehr schätzt und der sie noch einmal bestürmt, Thoas' Antrag anzunehmen – und sei es nur aus Gründen der Menschlichkeit den zum Tode verurteilten Gefangenen gegenüber. Auf diese Szene folgt wieder ein Monolog Iphigenies:

Vierter Aufzug

Dritter Auftritt

IPHIGENIE *(allein)*: Von dieses Mannes Rede fühl' ich mir
Zur ungelegnen Zeit das Herz im Busen
1505 Auf einmal umgewendet. Ich erschrecke! –
Denn wie die Flut mit schnellen Strömen wachsend
Die Felsen überspült, die in dem Sand
Am Ufer liegen: so bedeckte ganz
Ein Freudenstrom mein Innerstes. Ich hielt
1510 In meinen Armen das Unmögliche.
Es schien sich eine Wolke wieder sanft
Um mich zu legen, von der Erde mich
Emporzuheben und in jenen Schlummer
Mich einzuwiegen, den die gute Göttin
1515 Um meine Schläfe legte, da ihr Arm
Mich rettend faßte. – Meinen Bruder
Ergriff das Herz mit einziger Gewalt:
Ich horchte nur auf seines Freundes Rat;
Nur sie zu retten, drang die Seele vorwärts.
1520 Und wie den Klippen einer wüsten Insel
Der Schiffer gern den Rücken wendet: so
Lag Tauris hinter mir. Nun hat die Stimme
Des treuen Manns mich wieder aufgeweckt,
Daß ich auch Menschen hier verlasse, mich
1525 Erinnert. Doppelt wird mir der Betrug
Verhaßt. O bleibe ruhig, meine Seele!
Beginnst du nun zu schwanken und zu zweifeln?
Den festen Boden deiner Einsamkeit
Mußt du verlassen! Wieder eingeschifft,
1530 Ergreifen dich die Wellen schaukelnd, trüb
Und bang verkennest du die Welt und dich.

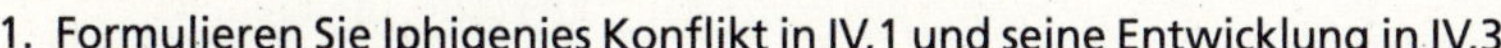

1. Formulieren Sie Iphigenies Konflikt in IV,1 und seine Entwicklung in IV,3. 
2. Charakterisieren Sie Iphigenies Verhältnis zur Göttin in den beiden Monologen. Wieviel Entscheidungsfreiheit sieht sie bei sich selbst?
3. Welches sind Ihrer Ansicht nach die zentralen Begriffe der Szene? – Begründen Sie am Text! 
4. Wo könnte man in beiden Szenen den Monolog durch einen „inneren Dialog" ersetzen? Wo tut dies Goethe schon? – Versuchen Sie, die beiden Monologe auf zwei „innere" Stimmen zu verteilen.
5. Analysieren Sie den Gebrauch der Tempora in IV,3. 
6. Inwiefern ist das Motiv der Schiffsreise symptomatisch für Iphigenies Inneres? – Beachten Sie in diesem Zusammenhang auch die letzten vier Verse.
7. Wie würden Sie als Schauspielerin Iphigenies Gefühle in Mimik und Gestik umsetzen? Wie bewegt sie sich auf der Bühne? 
8. Suchen Sie aus beiden Monologen jeweils eine Stelle aus, die Sie als stehendes Bild darstellen, d. h., Iphigenie verharrt wie auf einer Fotografie mitten in der Bewegung. Diskutieren Sie die jeweiligen Inszenierungsvorschläge. 

Nun kommt jedoch Pylades und versucht Iphigenie wiederum von der Notwendigkeit des Betrugs als Voraussetzung für die Rettung aller Griechen zu überzeugen. Iphigenie steht vor einem tragischen Konflikt: Wenn sie fliehen und ihren Bruder und die andern Griechen retten will, muß sie jene, die ihr Gutes taten, betrügen und bestehlen. Bleibt sie jedoch auf Tauris, so muss sie entweder Thoas heiraten oder aber ihren eigenen Bruder und dessen Freund umbringen: Sie beginnt, mit den Göttern zu hadern:

Vierter Aufzug

Fünfter Auftritt

IPHIGENIE *(allein)*: […]
Kaum wird in meinen Armen mir ein Bruder
Vom grimm'gen Übel wundervoll und schnell
1705 Geheilt, kaum naht ein lang' erflehtes Schiff,
Mich in den Port der Vaterwelt zu leiten,
So legt die taube Not ein doppelt Laster
Mit ehrner Hand mir auf: das heilige,
Mir anvertraute, viel verehrte Bild
1710 Zu rauben und den Mann zu hintergehn,
Dem ich mein Leben und mein Schicksal danke.
O daß in meinem Busen nicht zuletzt
Ein Widerwillen keime! der Titanen,
Der alten Götter tiefer Haß auf euch,
1715 Olympier, nicht auch die zarte Brust
Mit Geierklauen fasse! Rettet mich
Und rettet euer Bild in meiner Seele!
Vor meinen Ohren tönt das alte Lied –
Vergessen hatt' ich' s und vergaß es gern –,
1720 Das Lied der Parzen, das sie grausend sangen,
Als Tantalus vom goldnen Stuhle fiel:
Sie litten mit dem edlen Freunde; grimmig
War ihre Brust, und furchtbar ihr Gesang.
In unsrer Jugend sang's die Amme mir
1725 Und den Geschwistern vor, ich merkt' es wohl.

Es fürchte die Götter
Das Menschengeschlecht!
Sie halten die Herrschaft
In ewigen Händen,
1730 Und können sie brauchen,
Wie's ihnen gefällt.

Der fürchte sie doppelt,
Den je sie erheben!
Auf Klippen und Wolken
1735 Sind Stühle bereitet
Um goldene Tische.

Erhebet ein Zwist sich,
So stürzen die Gäste,
Geschmäht und geschändet,
1740 In nächtliche Tiefen
Und harren vergebens,
Im Finstern gebunden,
Gerechten Gerichtes.

Sie aber, sie bleiben
1745 In ewigen Festen
An goldenen Tischen.
Sie schreiten vom Berge
Zu Bergen hinüber:
Aus Schlünden der Tiefe
1750 Dampft ihnen der Atem
Erstickter Titanen
Gleich Opfergerüchen,
Ein leichtes Gewölke.

Es wenden die Herrscher
1755 Ihr segnendes Auge
Von ganzen Geschlechtern
Und meiden, im Enkel
Die ehmals geliebten,
Still redenden Züge
1760 Des Ahnherrn zu sehn

So sangen die Parzen;
Es horcht der Verbannte
In nächtlichen Höhlen,
Der Alte, die Lieder,
1765 Denkt Kinder und Enkel
Und schüttelt das Haupt.

1. Analysieren Sie am Text die Götterdarstellung und die Reaktion der Menschen.
2. Schreiben Sie die Verse 1726–1730 um in heutiges Deutsch und verwenden Sie dabei eine Wenn – Dann – Konstruktion. Was für eine Sprachhandlung liegt hier vor?
3. Schalten Sie sich selbst ein in den Text und führen Sie mit Iphigenie ein Gespräch, in dem Sie ihr Ihre persönliche Meinung zu dem Konflikt sagen.

Im fünften Akt überstürzen sich die Ereignisse : Thoas beginnt Iphigenie zu misstrauen. Er lässt sie zu sich kommen; das folgende Gespräch ist in vielerlei Hinsicht mit dem in I,3 vergleichbar:

Fünfter Akt

Dritter Auftritt

Iphigenie. Thoas.

IPHIGENIE: Du forderst mich! Was bringt dich zu uns her?

1805 THOAS: Du schiebst das Opfer auf; sag' an, warum ?

IPHIGENIE: Ich hab' an Arkas alles klar erzählt.

THOAS: Von dir möcht' ich es weiter noch vernehmen.

IPHIGENIE: Die Göttin gibt dir Frist zur Überlegung.

THOAS: Sie scheint dir selbst gelegen, diese Frist.

1810 IPHIGENIE: Wenn dir das Herz zum grausamen Entschluß

Verhärtet ist, so solltest du nicht kommen!

Ein König, der Unmenschliches verlangt,

Findt Diener gnug, die gegen Gnad' und Lohn

Den halben Fluch der Tat begierig fassen;

1815 Doch seine Gegenwart bleibt unbefleckt.

Er sinnt den Tod in einer schweren Wolke,

Und seine Boten bringen flammendes

Verderben auf des Armen Haupt hinab;

Er aber schwebt durch seine Höhen ruhig,

1820 Ein unerreichter Gott, im Sturme fort.

THOAS: Die heil'ge Lippe tönt ein wildes Lied.

IPHIGENIE: Nicht Priesterin! nur Agamemnons Tochter.

Der Unbekannten Wort verehrtest du,

Der Fürstin willst du rasch gebieten?

1825 Nein! Von Jugend auf hab' ich gelernt gehorchen,

Erst meinen Eltern und dann einer Gottheit,

Und folgsam fühlt' ich immer meine Seele

Am schönsten frei; allein dem harten Worte,

Dem rauhen Ausspruch eines Mannes mich

1830 Zu fügen, lernt' ich weder dort noch hier.

THOAS: Ein alt Gesetz, nicht ich, gebietet dir.

IPHIGENIE: Wir fassen ein Gesetz begierig an,

Das unsrer Leidenschaft zur Waffe dient.

Ein andres spricht zu mir: ein älteres,

1835 Mich dir zu widersetzen, das Gebot,

Dem jeder Fremde heilig ist.

THOAS: Es scheinen die Gefangnen dir sehr nah

Am Herzen: denn vor Anteil und Bewegung

Vergissest du der Klugheit erstes Wort,

1840 Daß man den Mächtigen nicht reizen soll.

IPHIGENIE: Red oder schweig ich, immer kannst du wissen,

Was mir im Herzen ist und immer bleibt.

Löst die Erinnerung des gleichen Schicksals

Nicht ein verschloßnes Herz zum Mitleid auf?

1845 Wie mehr denn meins! In ihnen seh' ich mich.

Ich habe vorm Altare selbst gezittert,

Und feierlich umgab der frühe Tod

Die Knieende: das Messer zuckte schon,

Den lebenvollen Busen zu durchbohren;

1850 Mein Innerstes entsetzte wirbelnd sich,

Mein Auge brach, und – ich fand mich gerettet.

Sind wir, was Götter gnädig uns gewährt,

Unglücklichen nicht zu erstatten schuldig?

Du weißt es, kennst mich, und du willst mich zwingen!

1855 THOAS: Gehorche deinem Dienste, nicht dem Herrn.

IPHIGENIE: Laß ab! Beschönige nicht die Gewalt,

Die sich der Schwachheit eines Weibes freut.

Ich bin so frei geboren als ein Mann.

Stünd' Agamemnons Sohn dir gegenüber,

1860 Und du verlangtest, was sich nicht gebührt,

So hat auch er ein Schwert und einen Arm,

Die Rechte seines Busens zu verteid'gen.

Ich habe nichts als Worte, und es ziemt

Dem edlen Mann, der Frauen Wort zu achten.

1865 THOAS: Ich acht' es mehr als eines Bruders Schwert.

IPHIGENIE: Das Los der Waffen wechselt hin und her:

Kein kluger Streiter hält den Feind gering.

Auch ohne Hilfe gegen Trutz und Härte

Hat die Natur den Schwachen nicht gelassen.

1870 Sie gab zur List ihm Freude, lehrt' ihn Künste:

Bald weicht er aus, verspätet und umgeht.

Ja, der Gewaltige verdient, daß man sie übt.

THOAS: Die Vorsicht stellt der List sich klug entgegen.

IPHIGENIE: Und eine reine Seele braucht sie nicht.

1875 THOAS: Sprich unbehutsam nicht dein eigen Urteil.

IPHIGENIE: O sähest du, wie meine Seele kämpft,

Ein bös Geschick, das sie ergreifen will,

Im ersten Anfall mutig abzutreiben!

So steh' ich denn für wehrlos gegen dich?

1880 Die schöne Bitte, den anmut'gen Zweig,

In einer Frauen Hand gewaltiger

Als Schwert und Waffe, stößest du zurück:

Was bleibt mir nun, mein Innres zu verteid'gen?

Ruf' ich die Göttin um ein Wunder an?

1885 Ist keine Kraft in meiner Seele Tiefen?

THOAS: Es scheint, der beiden Fremden Schicksal macht

Unmäßig dich besorgt. Wer sind sie, sprich,

Für die dein Geist gewaltig sich erhebt ?

IPHIGENIE: Sie sind – sie scheinen – für Griechen halt' ich sie.

1890 THOAS: Landsleute sind es? und sie haben wohl
Der Rückkehr schönes Bild in dir erneut?

IPHIGENIE *(nach einigem Stillschweigen).*
Hat denn zur unerhörten Tat der Mann
Allein das Recht? Drückt denn Unmögliches
Nur er an die gewalt'ge Heldenbrust?
1895 Was nennt man groß? Was hebt die Seele schaudernd
Dem immer wiederholenden Erzähler,
Als was mit unwahrscheinlichem Erfolg
Der Mutigste begann? Der in der Nacht
Allein das Heer des Feindes überschleicht,
1900 Wie unversehen eine Flamme wütend
Die Schlafenden, Erwachenden ergreift,
Zuletzt, gedrängt von den Ermunterten,
Auf Feindes Pferden, doch mit Beute kehrt,
Wird der allein gepriesen? der allein,
1905 Der, einen sichern Weg verachtend, kühn
Gebirg' und Wälder durchzustreifen geht,
Daß er von Räubern eine Gegend säubre?
Ist uns nichts übrig? Muß ein zartes Weib
Sich ihres angebornen Rechts entäußern,
1910 Wild gegen Wilde sein, wie Amazonen
Das Recht des Schwerts euch rauben und mit Blute
Die Unterdrückung rächen? Auf und ab
Steigt in der Brust ein kühnes Unternehmen:
Ich werde großem Vorwurf nicht entgehn,
1915 Noch schwerem Übel, wenn es mir mißlingt;
Allein euch leg' ich's auf die Kniee! Wenn
Ihr wahrhaft seid, wie ihr gepriesen werdet,
So zeigt's durch euern Beistand und verherrlicht
Durch mich die Wahrheit! – Ja, vernimm, o König,
1920 Es wird ein heimlicher Betrug geschmiedet:
Vergebens fragst du den Gefangnen nach;
Sie sind hinweg und suchen ihre Freunde,
Die mit dem Schiff am Ufer warten, auf.
Der älteste, den das Übel hier ergriffen
1925 Und nun verlassen hat – es ist Orest,
Mein Bruder, und der andre sein Vertrauter,
Sein Jugendfreund, mit Namen Pylades.
Apoll schickt sie von Delphi diesem Ufer
Mit göttlichen Befehlen zu, das Bild

1930 Dianens wegzurauben und zu ihm
Die Schwester hinzubringen, und dafür
Verspricht er dem von Furien Verfolgten,
Des Mutterblutes Schuldigen, Befreiung.
Und beide hab' ich nun, die Überbliebnen
1935 Von Tantals Haus, in deine Hand gelegt:
Verdirb uns – wenn du darfst.

THOAS: Du glaubst, es höre
Der rohe Skythe, der Barbar, die Stimme
Der Wahrheit und der Menschlichkeit, die Atreus,
Der Grieche, nicht vernahm?

IPHIGENIE: Es hört sie jeder,
1940 Geboren unter jedem Himmel, dem
Des Lebens Quelle durch den Busen rein
Und ungehindert fließt. […]
Laß mich mit reinem Herzen, reiner Hand
Hinübergehn und unser Haus entsühnen.
1970 Du hältst mir Wort! – wenn zu den Meinen je
Mir Rückkehr zubereitet wäre, schwurst
Du, mich zu lassen; und sie ist es nun.
Ein König sagt nicht, wie gemeine Menschen,
Verlegen zu, daß er den Bittenden
1975 Auf einen Augenblick entferne, noch
Verspricht er auf den Fall, den er nicht hofft:
Dann fühlt er erst die Höhe seiner Würde,
Wenn er den Harrenden beglücken kann,

THOAS: Unwillig, wie sich Feuer gegen Wasser
1980 Im Kampfe wehrt und gischend seinen Feind
Zu tilgen sucht, so wehret sich der Zorn
In meinem Busen gegen deine Worte.

IPHIGENIE: O laß die Gnade, wie das heil'ge Licht
Der stillen Opferflamme, mir, umkränzt
1985 Von Lobgesang und Dank und Freude, lodern.

THOAS: Wie oft besänftigte mich diese Stimme!

IPHIGENIE: O reiche mir die Hand zum Friedenszeichen.

THOAS: Du forderst viel in einer kurzen Zeit.

IPHIGENIE: Um Guts zu tun, braucht's keiner Überlegung

1990 THOAS: Sehr viel! denn auch dem Guten folgt das Böse

IPHIGENIE: Der Zweifel ist's, der Gutes böse macht.
Bedenke nicht; gewähre, wie du's fühlst.

---

1. Inszenieren Sie die Szene als Film: Kameraeinstellungen (z. B. Nahaufnahme, Totale etc.), Musikuntermalung, Überblendtechniken, Einblendung von Motiven usw. und begründen Sie Ihre Lösungsvorschläge am Text.
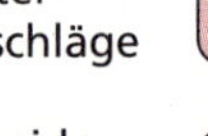
2. Zeigen Sie, dass die Szene V,3 eine Komplementärszene zu I,3 ist. Vergleichen Sie die Redeanteile beider Personen in beiden Szenen und gehen Sie der Frage nach, welches jeweils der überlegene Gesprächspartner ist.

3. Formulieren Sie Iphigenies Gedanken, wo es in der Regieanweisung heißt: „Nach einigem Stillschweigen". Welche Handlungsmöglichkeiten hat sie an dieser Stelle?
4. Erklären Sie Thoas' Reaktion auf Iphigenies Geständnis. Was geht am Ende der Szene in ihm vor und wie muss der Thoas-Darsteller seine Rolle spielen? Sagt Thoas seine Worte beispielsweise eher zu sich selbst, etwa als eine Art Warnung? – Oder will er spontan auf Iphigenie zugehen? Wendet er sich von ihr ab, oder dreht er sich (vielleicht nur halb) zu ihr hin?

Noch einmal droht ein schlimmes Ende, als nun Skythen und Griechen kämpfend auf die Bühne stürmen. Thoas und Iphigenie gebieten den Kämpfenden Einhalt, und nachdem Thoas davon überzeugt worden ist, dass es sich bei Orest wirklich um Iphigenies Bruder handelt, steht nur noch der Raub des Götterbildes dem Frieden im Wege. Nun aber bemerkt Orest die Doppeldeutigkeit der Aussage des Orakels von Apoll, der ihm die Erlösung von seinem Fluch versprach, wenn er *die Schwester* zurück nach Griechenland bringe. Orest hat dies bis dahin auf die Person der Diana – Apolls Schwester – bezogen, merkt aber nun, dass damit seine eigene Schwester, Iphigenie, gemeint ist. Sie ist es also, die den Fluch von ihm genommen hat, womit sie an die Stelle der Göttin tritt. Die Griechen brauchen kein „Götterbild" mehr. Jetzt kommt alles auf Thaos an:

IPHIGENIE: Denk' an dein Wort und laß durch diese Rede
    Aus einem graden treuen Munde dich
    Bewegen! Sieh uns an! du hast nicht oft
    Zu solcher edeln Tat Gelegenheit.
2150   Versagen kannst du's nicht; gewähr' es bald.
THOAS: So geht!
IPHIGENIE: Nicht so, mein König! Ohne Segen
    In Widerwillen, scheid' ich nicht von dir.
    Verbann' uns nicht! Ein freundlich Gastrecht walte
    Von dir zu uns: So sind wir nicht auf ewig
2155   Getrennt und abgeschieden. Wert und teuer,
    wie mir mein Vater war, so bist du's mir,
    Und dieser Eindruck bleibt in meiner Seele.
    Bringt der Geringste deines Volkes je
    Den Ton der Stimme mir ins Ohr zurück,
2160   Den ich an euch gewohnt zu hören bin,
    Und seh' ich an dem ärmsten eure Tracht:
    Empfangen will ich ihn wie einen Gott,
    Ich will ihm selbst ein Lager zubereiten,
    Auf einen Stuhl ihn an das Feuer laden
2165   Und nur nach dir und deinem Schicksal fragen.
    O geben dir die Götter deiner Taten
    Und deiner Milde wohlverdienten Lohn!
    Leb' wohl! O wende dich zu uns und gib
    Ein holdes Wort des Abschieds mir zurück!
2170   Dann schwellt der Wind die Segel sanfter an,
    Und Tränen fließen lindernder vom Auge
    Des Scheidenden. Leb' wohl! und reiche mir
    Zum Pfand der alten Freundschaft deine Rechte.
Thoas: Lebt wohl!

Sprachhandlung; mögliche Gestik

1. Schreiben Sie ganz detaillierte Regieanweisungen für eine textnahe Inszenierung des Schlusses. Wie bewegen sich die Personen, wie ist ihre jeweilige Stimmung? Ist der Schluss versöhnlich oder nicht? Reicht Thoas Iphigenie die Hand? – Erörtern Sie diese und andere Detailfragen und zeigen Sie, welche Bedeutung die Inszenierung für eine Gesamtdeutung des Dramas hat.  
2. In ihren Lebenserinnerungen berichtet Iphigenie viele Jahre später von ihrem Abschied aus Tauris … 
3. Genau im Zentrum des Stückes steht ein Satz, den Orest zu Iphigenie sagt: „Zwischen uns sei Wahrheit". Inwiefern kann dieser Satz als programmatisch für das ganze Stück gelten? Welchen Stellenwert haben „Wahrhaftigkeit" und „Wahrheit" im Stück?
4. Erörtern Sie die Frage, ob man Goethes *Iphigenie auf Tauris* als ein utopisches Stück bezeichnen kann. Lesen Sie dazu evtl. Kapitel 3 dieses Arbeitshefts. 

GANZ VERTEUFELT HUMAN – GOETHE UND DIE
IPHIGENIE

Warum lag Goethe so viel an diesem Stück und an dem Thema? Diese eingangs bereits gestellte Frage wurde bisher noch nicht beantwortet.

Sicher ist, dass er mit dem Drama ein Gegenbild zur Wirklichkeit zeichnen wollte, mit dem er die Hoffnung verband, auf „reine", d.h. empfindsame Menschen einwirken zu können. Allerdings war seine Arbeit die ganze Zeit über von einer gewissen Skepsis begleitet, ob er sein hochgestecktes Ziel würde erreichen können. Er wollte mit dem Stück „Interesse" wecken und „Empfindungen" hervorrufen, aber er war Realist genug, um die Grenzen der Kunst zu sehen; so notiert er am 8. April 1779 in seinem Tagebuch: „Man tut unrecht an dem Empfindens und Erkennens Vermögen der Menschen zu zweifeln, da kann man ihnen viel zu trauen, nur auf ihre Handlungen muß man nicht hoffen." Diese Notiz zeigt schon die zentrale Problematik der Iphigenie-Rezeption, und die Zusammenhänge wurden Goethe immer nur noch schmerzlicher bewusst, denn auch die überarbeitete, letzte Fassung des Dramas fand wiederum nur in Dichterkreisen begeisterte Zustimmung. Trotzdem erlaubte er es Schiller im Jahre 1802, die *Iphigenie* zu bearbeiten und zu inszenieren. Doch seine Vorbehalte gegen den Text in Bezug auf dessen Akzeptanz beim Publikum sind klar erkennbar. Am 19. Januar 1802 schrieb er an Schiller:

> Hiebei kommt die Abschrift des gräcisierenden Schauspiels. Ich bin neugierig, was Sie ihm abgewinnen werden. Ich habe hie und da hineingesehen, es ist ganz verteufelt human. Geht es halbweg, so wollen wir's versuchen: – denn wir haben doch schon öfters gesehen, daß die Wirkungen eines solchen Wagestücks für uns und das Ganze incalculabel sind.

Goethe hält das Stück also für zu human für Weimar und seine Zeit, wodurch es eben zum „Wagestück" wird, dessen Wirkungen „incalculabel" sind. Er hatte gehofft, durch eine sich am Vorbild der Antike orientierende Dichtung zur Bildung und Aufklärung der Menschen und damit zu einer langsamen Verbesserung auch der realen Verhältnisse beitragen zu können. So, wie Iphigenie am Ufer des Barbarenlandes „das Land der Griechen mit der Seele" sucht, so schauten die Vertreter der Weimarer Klassik zur Antike, die ihnen das Vorbild eines reifen, aufgeklärten Menschentums zu sein schien.

Goethes Fernziel war es gewesen, ein „deutsches Theater" mit einfühlsamen Schauspielern für ein aufgeschlossenes, gebildetes Publikum zu errichten. In Gesprächen mit Eckermann heißt es dazu später: „Ich habe am Theater nur so lange ein wahrhaftes Interesse gehabt, als ich dabei praktisch einwirken konnte. Es war meine Freude, die Anstalt auf eine höhere Stufe zu bringen" (29.1.1826).

Was von all diesen Idealen blieb, war Ernüchterung und schließlich Resignation:

> „Ich hatte wirklich einmal den Wahn, als sei es möglich, ein deutsches Theater zu bilden. [...] Allein es regte sich nicht und rührte sich nicht und blieb alles wie zuvor ..." (27.3.1825)

1. Gottfried Benn schreibt über Goethes *Iphigenie* folgendes:
   [...] Seine Iphigenie ist sachlich und politisch absolut unnatürlich. Daß jemand in Weimar sitzt zwischen Hof- und Biedermeierleuten und die eminenten Verse an den Weg des Todes dichtet, Parzenlied und unheimliche Beschwörung der Tantaliden, für diesen Grad des Unnatürlichen gibt es gar kein Wort.
   Nehmen Sie Stellung zu diesem Urteil.

Freiheit ist nur in dem Reich der Träume

Kaum ein Ereignis hat seine Zeit je so erschüttert und so nachhaltig beeinflusst wie die Französische Revolution. Die jahrhundertelange Unterdrückung des Volkes durch Klerus und Adel schien plötzlich ein Ende zu haben, eine neue Zeit der Freiheit, Gleichheit und Brüderlichkeit (so hießen die Schlagworte der Revolution) schien angebrochen.
Das Interesse des deutschen Bürgertums – und speziell der Intelligenz – an den Vorgängen in Frankreich war ungeheuer und man war gespannt, wie sich die Verhältnisse im Nachbarland entwickeln würden. Und natürlich hatte sich die Dichtung früher oder später mit der Frage auseinanderzusetzen, inwieweit eine Revolution geeignet sei, eine wirkliche Verbesserung der herrschenden Zustände herbeizuführen.

Der Sturm auf die Bastille

FRANZÖSISCHE REVOLUTION UND WEIMARER KLASSIK

Es ist nur auf den ersten Blick erstaunlich, dass die vormaligen „Stürmer und Dränger" Goethe und Schiller, die solch aufmüpfige, ja revolutionäre Texte wie *Prometheus* oder *Die Räuber* geschrieben hatten, der Revolution und darüber hinaus jeder direkten Einmischung der Dichtung in den Bereich der Politik eine klare Absage erteilten. Diese Absage hat beiden Dichtern häufig den Vorwurf eingebracht, unpolitisch und kurzsichtig zu denken oder gar zu elitär zu sein, um sich mit solch „niederen" Dingen wie der Politik zu beschäftigen. Und die Rezeption wies – und weist auch heute gerne noch – darauf hin, dass diese „unpolitische" Haltung der beiden „Olympier" die konservative Adelsregierung nicht nur am Fürstenhof zu Weimar unterstützt und somit das Ziel der Aufklärung und des Sturm und Drang, das Bürgertum zu stärken, zum Scheitern verurteilt hätte.
Diese Vorwürfe sind so nicht haltbar. Weder Goethe noch Schiller dachte unpolitisch. Aber beide lehnten sie sowohl das Ancien Régime als auch die Revolution ab – und zwar, weil das eine wie das andere in ihren Augen unnatürlich war: Wenn das Ancien Régime sich gegen jede Veränderung stellte, so warf die Revolution alles auf einmal durcheinander. Schiller und Goethe dagegen glaubten an die grundsätzliche Möglichkeit, die Gesellschaft in kleinen Schritten zu reformieren, wenngleich sie sich natürlich über den utopischen Charakter einer solchen Vorstellung völlig im Klaren waren. Dennoch sollte mit Hilfe von Kunst und Literatur ein Prozess der Evolution in Gang gesetzt werden, in dem sich die Gesellschaft organisch zu einem harmonischen Zusammenleben von gleichberechtigten Weltbürgern entwickelte.
Das poetisch-politische Konzept der Weimarer Klassik wird nirgendwo deutlicher formuliert als in Schillers Briefen an seinen großen Gönner, den Herzog Friedrich Christian

von Augustenburg, der ihn finanziell großzügig unterstützte. Die Briefe selbst gingen bei einem Brand zum größten Teil verloren, aber auf Bitten des Herzogs schrieb Schiller sie noch einmal – dieses Mal aber in der zusammenhängenden Form einer Abhandlung in Briefen, mit dem Titel: *Über die ästhetische Erziehung des Menschen* (1795).
Schillers erster Brief an den Herzog (vom 13.7.1793) blieb der Nachwelt in einer Abschrift erhalten. In ihm nimmt er Stellung zur Französischen Revolution und ihren Folgen.

Ehe diese Ereignisse eintraten, [...] konnte man sich allenfalls mit dem lieblichen Wahne schmeicheln, daß der unmerkliche aber ununterbrochene Einfluß denkender Köpfe [...] die Gemüter allmählich zum Empfang des Bessern gestimmt und so eine Epoche vorbereitet haben müßten, wo die Philosophie den moralischen Weltbau übernehmen und das Licht über die Finsternis siegen könnte. [...] Nichts schien mehr zu fehlen als das Signal zur großen Ver- 5
änderung und eine Vereinigung der Gemüter. Beides ist nun gegeben – wie ist es ausge-
schlagen? Der Versuch des französischen Volks, sich in seine heiligen Menschenrechte einzusetzen, und eine politische Freiheit zu erringen, hat bloß das Unvermögen und die Un-
würdigkeit desselben an den Tag gebracht, und nicht nur dieses unglückliche Volk, sondern
mit ihm auch einen beträchtlichen Teil Europens, und ein ganzes Jahrhundert, in Barbarei 10
und Knechtschaft zurückgeschleudert. Der Moment war der günstigste, aber er fand eine ver-
derbte Generation, die ihn nicht wert war, und weder zu würdigen noch zu benutzen wuß-
te. Der Gebrauch, den sie von diesem großen Geschenk des Zufalls macht und gemacht hat,
beweist unwidersprechlich, daß das Menschengeschlecht der vormundschaftlichen Gewalt
noch nicht entwachsen ist, daß das liberale Regiment der Vernunft da noch zu frühe kommt, 15
wo man kaum damit fertig wird, sich der brutalen Gewalt der Tierheit zu erwehren, und daß
derjenige noch nicht reif ist zur bürgerlichen Freiheit, dem noch so vieles zur menschlichen
fehlt.
In seinen Taten malt sich der Mensch – und was für ein Bild ist das, das sich im Spiegel der
jetzigen Zeit uns darstellt? Hier die empörendste Verwilderung, dort das entgegengesetzte 20
Extrem der Erschlaffung: die zwei traurigsten Verirrungen, in die der Menschencharakter
versinken kann, in einer Epoche vereint!
In den niedern Klassen sehen wir nichts als rohe gesetzlose Triebe, die sich nach aufgehobe-
nem Band der bürgerlichen Ordnung entfesseln, und mit unlenksamer Wut ihrer tierischen
Befriedigung zueilen. Es war also nicht der moralische Widerstand von innen, bloß die 25
Zwangsgewalt von außen, was bisher ihren Ausbruch zurückhielt. Es waren also nicht freie
Menschen, die der Staat unterdrückt hatte, nein, es waren bloß wilde Tiere, die er an heilsa-
me Ketten legte. Hätte der Staat die Menschheit wirklich unterdrückt, wie man ihm schuld
gibt, so müßte man Menschheit sehen, nachdem er zertrümmert worden ist. Aber der Nach-
laß der äußern Unterdrückung macht nur die innere sichtbar, und der wilde Despotismus der 30
Triebe heckt alle jene Untaten aus, die uns in gleichem Grad anekeln und schaudern machen.
Auf der andern Seite geben uns die zivilisierten Klassen den noch widrigeren Anblick der Erschlaffung, der Geistesschwäche, und einer Versunkenheit des Charakters, die um so
empörender ist, je mehr die Kultur selbst daran teilhat. Ich erinnere mich nicht mehr, welcher alte oder neue Philosoph die Bemerkung machte, daß das Edlere in seiner Verderbnis 35
das Abscheulichere sei, aber die Erfahrung bestätigt sie auch hier. Wenn die Kultur ausartet,
so geht sie in eine weit bösartigere Verderbnis über, als die Barbarei je erfahren kann. Der
sinnliche Mensch kann nicht tiefer als zum Tier herabstürzen; fällt aber der aufgeklärte, so
fällt er bis zum Teuflischen herab, und treibt ein ruchloses Spiel mit dem Heiligsten der
Menschheit. 40
Die Aufklärung, deren sich die höheren Stände unsers Zeitalters nicht mit Unrecht rühmen,
ist bloß theoretische Kultur, und zeigt, im ganzen genommen, so wenig einen veredelnden
Einfluß auf die Gesinnung, daß sie vielmehr bloß dazu hilft, die Verderbnis in ein System zu
bringen, und unheilbarer zu machen. Ein raffinierter und konsequenter Epikurism◆ hat angefangen, die Energie des Charakters zu ersticken, und die immer fester sich zuschnürende 45

◆ Der griech. Philosoph
Epikur lehrte den
sinnlichen Lebensgenuß

Fessel der Bedürfnisse, die vermehrte Abhängigkeit der Menschheit vom Physischen hat es allmählich dahin geleitet, daß die Maxime der Passivität und des leidenden Gehorsams als höchste Lebensregel gilt. Daher die Beschränktheit im Denken, die Kraftlosigkeit im Handeln, die klägliche Mittelmäßigkeit im Hervorbringen, die unser Zeitalter zu seiner Schande charakterisiert. Und so sehen wir den Geist der Zeit zwischen Barbarei und Schlaffheit, Freigeisterei und Aberglauben, Roheit und Verzärtelung schwanken, und es ist bloß das Gleichgewicht der Laster, was das Ganze noch zusammenhält.

Und ist dieses nun die Menschheit, möchte ich fragen, für deren Rechte der Philosoph sich verwendet, die der edle Weltbürger in Gedanken hat, und an welcher ein neuerer Solone♦ seine Ideen von einer Staatsverfassung realisieren möchte? Ich zweifle sehr. Nur seine Fähigkeit als ein sittliches Wesen zu handeln, gibt dem Menschen Anspruch auf Freiheit; ein Gemüt aber, das nur sinnlicher Bestimmungen fähig ist, ist der Freiheit sowenig wert, als empfänglich. Alle Reform, die Bestand haben soll, muß von der Denkungsart ausgehen, und wo eine Verderbnis in den Prinzipien herrscht, da kann nichts Gesundes, nichts Gutartiges aufkeimen. Nur der Charakter der Bürger erschafft und erhält den Staat, und macht politische und bürgerliche Freiheit möglich. Denn wenn die Weisheit selbst in Person vom Olymp herabstiege, und die vollkommenste Verfassung einführte, so müßte sie ja doch Menschen die Ausführung übergeben. Wenn ich also, Gnädigster Prinz, über die gegenwärtigen politischen Bedürfnisse und Erwartungen meine Meinung sagen darf, so gestehe ich, daß ich jeden Versuch einer Staatsverbesserung aus Prinzipien (denn jede andere ist bloßes Not- und Flickwerk) so lange für unzeitig, und jede darauf gegründete Hoffnung so lange für schwärmerisch halte, bis der Charakter der Menschheit von seinem tiefen Verfall wieder emporgehoben worden ist – eine Arbeit für mehr als ein Jahrhundert. Man wird zwar unterdessen von manchem abgestellten Mißbrauch, von mancher glücklich versuchten Reform im einzelnen, von manchem Sieg der Vernunft über das Vorurteil hören, aber was hier zehn große Menschen aufbauten, werden dort fünfzig Schwachköpfe wieder niederreißen. Man wird in andern Weltteilen den Negern die Ketten abnehmen, und in Europa den – Geistern anlegen. Solange aber der oberste Grundsatz der Staaten von einem empörenden Egoismus zeugt, und solange die Tendenz der Staatsbürger nur auf das physische Wohlsein beschränkt ist, so lange, fürchte ich, wird die politische Regeneration, die man so nahe glaubte, nichts als ein schöner philosophischer Traum bleiben. Soll man also aufhören, darnach zu streben? Soll man gerade die wichtigste aller menschlichen Angelegenheiten einer gesetzlosen Willkür, einem blinden Zufall anheimstellen, während daß das Reich der Vernunft nach jeder andern Seite zusehends erweitert wird? Nichts weniger, Gnädigster Prinz. Politische und bürgerliche Freiheit bleibt immer und ewig das heiligste aller Güter, das würdigste Ziel aller Anstrengungen, und das große Zentrum aller Kultur – aber man wird diesen herrlichen Bau nur auf dem festen Grund eines veredelten Charakters aufführen, man wird damit anfangen müssen, für die Verfassung Bürger zu erschaffen, ehe man den Bürgern eine Verfassung geben kann [...]

♦Solon: erster Gesetzgeber Athens (ca. 500 v. Chr.)

1. Markieren Sie alle Textstellen, die Ihnen unklar sind, und formulieren Sie anschließend die entsprechenden Fragen.
2. Lesen Sie den Text ein zweites Mal durch und beantworten Sie dann die umseitig wiedergegebenen Fragen. Belegen Sie Ihre Aussagen am Text.
3. Ein Aktualisierungsversuch: Schiller kommt in unserer Zeit in die Redaktion einer großen Tageszeitung und hat aus seinem Text eine gekürzte und aktualisierte Pressemitteilung gemacht. Was hat er geschrieben, wie lautet die Schlagzeile und wie der fettgedruckte Vorspann? – Verfassen Sie den Pressebericht.

WIR FRAGEN – DER TEXT ANTWORTET

1. Wie sieht Schiller die Lage <u>vor</u> der Französischen Revolution?

2. Was meint er mit dem „Signal" und mit der „Vereinigung der Gemüter"?

3. Hat sich Schillers Erwartung an eine derartige Revolution erfüllt? – Begründen Sie am Text!

4. Welche Befindlichkeit des Menschen hat die Französischen Revolution zu Tage gefördert?

5. Woraus schließt Schiller, dass es keine „freien Menschen" waren, die der Staat vor der Revolution unterdrückt hatte?

6. Was meint Schiller mit „innerer" Unterdrückung? Wodurch werden die „niedern Klassen" nach der Revolution unterdrückt?

7. Worin äußert sich nach Schiller die „Aufklärung" der „zivilisierten Klassen"?

8. Was versteht er unter „theoretischer Kultur"?

9. Welches sind die Grundlagen für eine Reform des Staates?

10. Wer ist gewissermaßen das Rückgrat des Staates?

11. Dauert es lange, eine nachhaltige Verbesserung des Staatswesens zu bewirken?

12. Welche Rückschläge und Fortschritte sieht Schiller im Verlauf des Entwicklungsprozesses kommen?

13. Wie stellt Schiller sich den idealen Staatsbürger vor?

14. Für wie realistisch hält Schiller die Möglichkeit, dass sich wirklich etwas verändert?

15. Was meint er damit, wenn er sagt, man müsse „für die Verfassung Bürger [...] erschaffen"?

Die Kluft zwischen Wirklichkeit und Ideal wird von Schiller wohl am klarsten in einem berühmten Gedicht formuliert, das er zur Jahrhundertwende verfasste:

Der Antritt des neuen Jahrhunderts

Edler Freund! Wo öffnet sich dem Frieden
Wo der Freiheit sich ein Zufluchtsort?
Das Jahrhundert ist im Sturm geschieden
Und das neue öffnet sich mit Mord.

5 Und das Band der Länder ist gehoben,
Und die alten Formen stürzen ein;
Nicht das Weltmeer hemmt des Krieges Toben
Nicht der Nilgott und der alte Rhein.

Zwo gewaltige Nationen ringen
10 Um der Welt alleinigen Besitz,
Aller Länder Freiheit zu verschlingen,
Schwingen sie den Dreizack und den Blitz.

Gold muß ihnen jede Landschaft wägen,
Und, wie Brennus♦ in der rohen Zeit,
15 Legt der Franke seinen ehrnen Degen
In die Waage der Gerechtigkeit.

Seine Handelsflotten streckt der Brite
Gierig wie Polypenarme aus,

Und das Reich der freien Amphitrite♦
20 Will er schließen wie sein eignes Haus.

Zu des Südpols nie erblickten Sternen
Dringt sein rastlos ungehemmter Lauf,
Alle Inseln spürt er, alle fernen
Küsten – nur das Paradies nicht auf.

25 Ach umsonst auf allen Länderkarten
Spähst du nach dem seligen Gebiet,
Wo der Freiheit ewig grüner Garten,
Wo der Menschheit schöne Jugend blüht.

Endlos liegt die Welt vor deinen Blicken
30 Und die Schiffahrt selbst ermißt sie kaum
Doch auf ihrem unermeßnen Rücken
Ist für zehen Glückliche nicht Raum.

In des Herzens heilig stille Räume
Mußt du fliehen aus des Lebens Drang:
35 Freiheit ist nur in dem Reich der Träume
Und das Schöne blüht nur im Gesang.

♦ Gemahlin des Poseidon und Königin des Meeres

♦ König der Gallier; er soll beim Abwiegen des Lösegeldes auf Beschwerde der besiegten Römer, falsche Gewichte zu verwenden, mit den Worten „Vae victis" (Wehe den Besiegten) sein Schwert in die Waagschale geworfen haben.

Welche Funktion Schiller angesichts dieser Realität der Kunst und der Literatur beimisst, deutet er in einem Brief von 1795 an Herder an:

[Ich bestreite, daß] die Poesie aus dem Leben, aus der Zeit, aus dem Wirklichen hervorgehen, damit eines ausmachen und darein zurückfließen muß und (in unseren Umständen) kann […] – Daher weiß ich für den poetischen Genius kein Heil, als daß er sich aus dem Gebiet der wirklichen Welt zurückzieht, […] daß er seine eigene Welt formieret und durch die griechischen Mythen der Verwandte eines fernen, fremden und idealischen Zeitalters bleibt, da ihn die Wirklichkeit nur beschmutzen würde.

1. Rekapitulieren Sie die geschichtlichen Grundlagen zu Schillers Gedicht.
2. Ideal und Wirklichkeit – erarbeiten Sie beide Seiten aus dem Text und stellen Sie sie einander tabellarisch gegenüber.
3. Paraphrasieren Sie die Aussagen Schillers in seinem Brief an Herder.

Die folgenden Texte aus Schillers Briefen *Über die ästhetische Erziehung des Menschen* zeigen nun, welchen Stellenwert die Antike – und vor allem das antike Griechenland – für die Dichtung der Weimarer Klassik hatte und inwiefern dieser dichterische Rückgriff auf das Vorbild einer alten, längst vergangenen Epoche gleichzeitig auch utopischen Charakter hatte. Sie geben im Übrigen auch die Haltung Goethes wieder, der Schiller am 28. 10. 1794 schrieb, dass er fast völlig mit ihm übereinstimme.

DIE UTOPIE IM RÜCKGRIFF

Sechster Brief:

Aber bei einiger Aufmerksamkeit auf den Zeitcharakter muß uns der Kontrast in Verwunderung setzen, der zwischen der heutigen Form der Menschheit und zwischen der ehemaligen, besonders der griechischen, angetroffen wird. […]
Warum qualifizierte sich der einzelne Grieche zum Repräsentanten seiner Zeit, und warum darf dies der einzelne Neuere nicht wagen? Weil jenem die alles vereinende Natur, diesem 5
der alles trennende Verstand seine Formen erteilten.
Die Kultur selbst war es, welche der neuern Menschheit diese Wunde schlug. Sobald auf der einen Seite die erweiterte Erfahrung und das bestimmtere Denken eine schärfere Scheidung der Wissenschaften, auf der andern das verwickeltere Uhrwerk der Staaten eine strengere Absonderung der Stände und Geschäfte notwendig machte, so zerriß auch der innere Bund der 10
menschlichen Natur, und ein verderblicher Streit entzweite ihre harmonischen Kräfte. Der intuitive und der spekulative Verstand verteilten sich jetzt feindlich gesinnt auf ihren verschiedenen Feldern, deren Grenzen sie jetzt anfingen mit Mißtrauen und Eifersucht zu bewachen, und mit der Sphäre, auf die man seine Wirksamkeit einschränkt, hat man sich auch in sich selbst einen Herrn gegeben, der nicht selten mit Unterdrückung der übrigen Anla- 15
gen zu endigen pflegt. Indem hier die luxurierende Einbildungskraft die mühsamen Pflanzungen des Verstandes verwüstet, verzehrt dort der Abstraktionsgeist das Feuer, an dem das Herz sich hätte wärmen und die Phantasie sich entzünden sollen.
Diese Zerrüttung, welche Kunst und Gelehrsamkeit in dem innern Menschen anfingen, machte der neue Geist der Regierung vollkommen und allgemein. Es war freilich nicht zu 20
erwarten, daß die einfache Organisation der ersten Republiken die Einfalt der ersten Sitten und Verhältnisse überlebte; aber anstatt zu einem höhern animalischen Leben zu steigen, sank sie zu einer gemeinen und groben Mechanik herab. Jene Polypennatur der griechischen Staaten, wo jedes Individuum eines unabhängigen Lebens genoß und, wenn es not tat, zum Ganzen werden konnte, machte jetzt einem kunstreichen Uhrwerke Platz, wo aus der Zu- 25
sammenstückelung unendlich vieler, aber lebloser Teile ein mechanisches Leben im Ganzen sich bildet. Auseinandergerissen wurden jetzt der Staat und die Kirche, die Gesetze und die Sitten, der Genuß wurde von der Arbeit, das Mittel vom Zweck, die Anstrengung von der Belohnung geschieden. Ewig nur an ein einzelnes kleines Bruchstück des Ganzen gefesselt, bildet sich der Mensch selbst nur als Bruchstück aus; ewig nur das eintönige Geräusch des 30
Rades, das er umtreibt, im Ohre, entwickelt er nie die Harmonie seines Wesens, und anstatt die Menschheit in seiner Natur auszuprägen, wird er bloß zu einem Abdruck seines Geschäfts, seiner Wissenschaft. Aber selbst der karge fragmentarische Anteil, der die einzelnen Glieder noch an das Ganze knüpft, hängt nicht von Formen ab, die sie sich selbsttätig geben (denn wie dürfte man ihrer Freiheit ein so künstliches und lichtscheues Uhrwerk vertrauen?), 35
sondern wird ihnen mit skrupulöser Strenge durch ein Formular vorgeschrieben, in welchem man ihre freie Einsicht gebunden hält. Der tote Buchstabe vertritt den lebendigen Verstand, und ein geübtes Gedächtnis leitet sicherer als Genie und Empfindung.

1. Lesen Sie den Text unter den folgenden Leitfragen:
   a) Wie sieht Schiller den Griechen, wie den „modernen" Menschen?
   b) Welches sind für ihn die Ursachen dieser Veränderung?
   Tragen Sie die entsprechenden Stichworte in die nebenstehende Tabelle ein.

2. Vervollständigen Sie die graphische Darstellung und zeigen Sie dadurch bildhaft die Entwicklung auf, die die Menschheit nach Ansicht Schillers durchlaufen hat.
3. Wo sehen Sie Verbindungen zu Schillers Brief vom 13.7. 1793?

Griechen	Ursachen für die Veränderung	Moderne

Staat = Summe ganzheitlicher Individuen

„Scheidung der Wissenschaften" etc.

Staat = …   ?

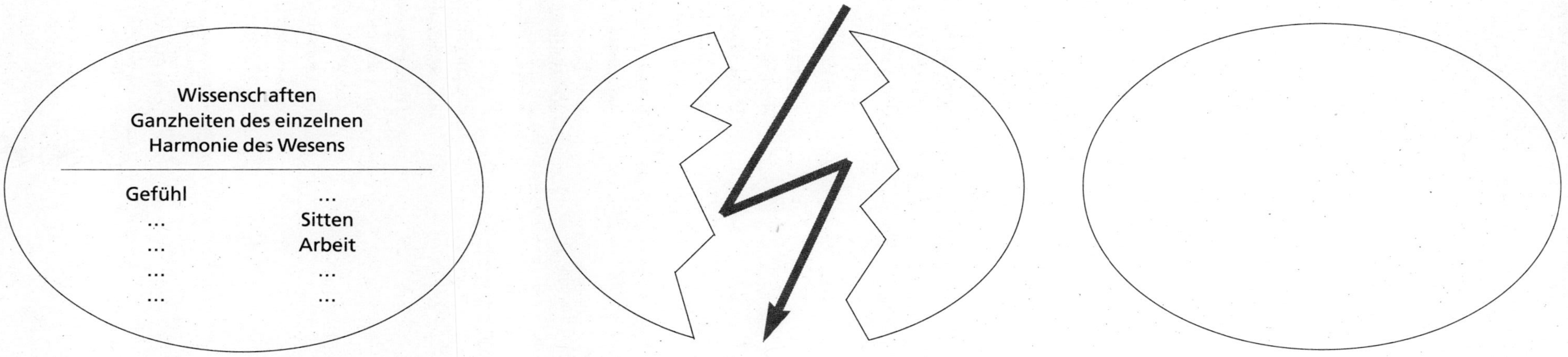

Wissenschaften
Ganzheiten des einzelnen
Harmonie des Wesens

Gefühl   …
   …   Sitten
   …   Arbeit
   …   …
   …   …

Neunter Brief:

[…] Alle Verbesserung im Politischen soll von Veredlung des Charakters ausgehen – aber wie kann sich unter den Einflüssen einer barbarischen Staatsverfassung der Charakter veredeln? Man müßte also zu diesem Zwecke ein Werkzeug aufsuchen, welches der Staat nicht hergibt, und Quellen dazu eröffnen, die sich bei aller politischen Verderbnis rein und lauter erhalten. […] Dieses Werkzeug ist die schöne Kunst, diese Quellen öffnen sich in ihren unsterblichen Mustern. Von allem, was positiv ist und was menschliche Konventionen einführten, ist die Kunst wie die Wissenschaft losgesprochen, und beide erfreuen sich einer absoluten Immunität von der Willkür der Menschen. Der politische Gesetzgeber kann ihr Gebiet sperren, aber darin herrschen kann er nicht. Er kann den Wahrheitsfreund ächten, aber die Wahrheit besteht; er kann den Künstler erniedrigen, aber die Kunst kann er nicht verfälschen. Zwar ist nichts gewöhnlicher, als daß beide, Wissenschaft und Kunst, dem Geist des Zeitalters huldigen und der hervorbringende Geschmack von dem beurteilenden das Gesetz empfängt. […] Der Künstler ist zwar der Sohn seiner Zeit, aber schlimm für ihn, wenn er zugleich ihr Zögling oder gar noch ihr Günstling ist. Eine wohltätige Gottheit reiße den Säugling bei Zeiten von seiner Mutter Brust, nähre ihn mit der Milch eines bessern Alters und lasse ihn unter fernem griechischen Himmel zur Mündigkeit reifen. Wenn er dann Mann geworden ist, so kehre er, eine fremde Gestalt, in sein Jahrhundert zurück; aber nicht, um es mit seiner Erscheinung zu erfreuen, sondern furchtbar wie Agamemnons Sohn, um es zu reinigen. Den Stoff zwar wird er von der Gegenwart nehmen, aber die Form von einer edleren Zeit, da jenseits aller Zeit, von der absoluten unwandelbaren Einheit seines Wesens entlehnen. Hier aus dem reinen Äther seiner dämonischen Natur rinnt die Quelle der Schönheit herab, unangesteckt von der Verderbnis der Geschlechter und Zeiten, welche tief unter ihr in trüben Strudeln sich wälzen. Seinen Stoff kann die Laune entehren, wie sie ihn geadelt hat, aber die keusche Form ist ihrem Wechsel entzogen. Der Römer des ersten Jahrhunderts hatte längst schon die Kniee vor seinen Kaisern gebeugt, als die Bildsäulen noch aufrecht standen; die Tempel blieben dem Auge heilig, als die Götter längst zum Gelächter dienten, und die Schandtaten eines Nero und Commodus beschämte der edle Stil des Gebäudes, das seine Hülle dazu gab. Die Menschheit hat ihre Würde verloren, aber die Kunst hat sie gerettet und aufbewahrt in bedeutenden Steinen; die Wahrheit lebt in der Täuschung fort, und aus dem Nachbilde wird das Urbild wieder hergestellt werden. So wie die edle Kunst die edle Natur überlebte, so schreitet sie derselben auch in der Begeisterung, bildend und erweckend, voran. Ehe noch die Wahrheit ihr siegendes Licht in die Tiefen der Herzen sendet, fängt die Dichtungskraft ihre Strahlen auf, und die Gipfel der Menschheit werden glänzen, wenn noch feuchte Nacht in den Tälern liegt. Wie verwahrt sich aber der Künstler von den Verderbnissen seiner Zeit, die ihn von allen Seiten umfangen? Wenn er ihr Urteil verachtet. Er blicke aufwärts nach seiner Würde und dem Gesetz, nicht niederwärts nach dem Glück und nach dem Bedürfnis. Gleich frei von der eiteln Geschäftigkeit, die in den flüchtigen Augenblick gern ihre Spur drücken möchte, und von dem ungeduldigen Schwärmergeist, der auf die dürftige Geburt der Zeit den Maßstab des Unbedingten anwendet, überlasse er dem Verstande, der hier einheimisch ist, die Sphäre des Wirklichen; er aber strebe, aus dem Bunde des Möglichen mit dem Notwendigen das Ideal zu erzeugen. […]

1. Fassen Sie in jeweils einem Satz zusammen:
   a) Welches <u>Ziel</u> will Schiller erreichen?
   b) Auf welchem <u>Weg</u> soll dies geschehen?
   c) Mit welchem „Werkzeug" glaubt er diesen Weg gangbar machen zu können?
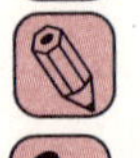
2. Überprüfen Sie Ihr Textverständnis nun im Detail, indem Sie die nachfolgenden Aussagen auf ihre Richtigkeit überprüfen (mit Beleg am Text!).
3. Versuchen Sie anschließend, die Bedeutung der Antike für die Weimarer Klassik in einer graphischen Darstellung zusammenzufassen (evtl. in Gruppenarbeit).
4. Schiller gibt einem jungen Dichter konkrete Ratschläge, auf welche Weise dieser versuchen solle, seine Ideale den Menschen zu vermitteln. Wie präsentiert er seine „Botschaft" möglichst effektiv?

❏ 1 Der Staat muss verändert werden, damit die Menschen sich bessern können.

❏ 2 Das gesellschaftliche Sein der Menschen beeinflusst ihren Charakter.

❏ 3 Zuerst muss der Mensch verbessert werden; erst dann kann er wiederum den Staat verändern.

❏ 4 Die Kunst soll den Menschen dazu aufrufen, seinen Staat zu verändern.

❏ 5 Die Kunst soll den Menschen dazu aufrufen, sich gegen die Herrschenden zu erheben.

❏ 6 Die wahre Kunst ist unabhängig von Kirche, Staat und Gesellschaft.

❏ 7 Die wahre Kunst richtet sich für gewöhnlich nach dem Zeitgeschmack der jeweiligen Gesellschaft.

❏ 8 Niemand, auch nicht der Künstler, kann sich ideell von seiner Zeit und von seinem gesellschaftlichen Umfeld lösen.

❏ 9 Durch Bildung wird der Künstler von seiner Zeit und von seinem gesellschaftlichen Umfeld unabhängig.

❏ 10 Es ist geradezu seine Aufgabe, sich über seine Zeit zu stellen.

❏ 11 Der Künstler wird von seinen Zeitgenossen meist als Außenseiter angesehen.

❏ 12 Die Kunst gibt Denkanstöße, macht Verbesserungsvorschläge.

❏ 13 Die Kunst orientiert sich an einer früheren, besseren Zeit. Sie ist in ihrer Rückbesinnung jedoch progressiv.

❏ 14 Der Dichter soll sich nicht an der Wirklichkeit orientieren, sondern an einem Ideal.

Wär nicht das Auge sonnenhaft ...

die Dichtkunst betreffend

Um 1800 schrieb Goethe ein berühmtes poetologisches Gedicht, in dem er für sich das Verhältnis von Natur und Kunst definierte.
Doch Vorsicht! Von den beiden folgenden Gedichten ist eines eine Fälschung!
Welches der Gedichte ist das Original Goethes?

NATUR UND KUNST

Natur und Kunst, sie werden stets sich fliehen
und hast der beiden eine du gefunden,
so ist die andere dir jäh entschwunden,
denn nie vermagst du beide anzuziehen.

5 Mag auch Natur im Herzen wieder glühen!
Sobald wir denn in abgemeßnen Stunden
mit Geist und Fleiß uns an die Kunst gebunden,
Hilft der Natur kein redliches Bemühen!

So ist's mit aller Freiheit auch beschaffen:
10 Vergebens werden kunst-gebundne Geister
nach der Natur befreiter Höhe streben.

Wer Bildung will, muß sich zusammenraffen:
In der Beschränkung wirkt manch wack'rer Meister,
doch im Gesetz kann keine Freiheit leben.

Natur und Kunst, sie scheinen sich zu fliehen
und haben sich, eh' man es denkt, gefunden;
der Widerwille ist auch mir verschwunden,
und beide scheinen gleich mich anzuziehen.

5 Es gilt wohl nur ein redliches Bemühen!
Und wenn wir erst in abgemeßnen Stunden
mit Geist und Fleiß uns an die Kunst gebunden,
mag frei Natur im Herzen wieder glühen.

So ist's mit aller Bildung auch beschaffen:
10 Vergebens werden ungebundne Geister
nach der Vollendung reiner Höhe streben.

Wer Großes will, muß sich zusammenraffen;
in der Beschränkung zeigt sich erst der Meister,
und das Gesetz nur kann uns Freiheit geben.

Goethe: Aufgehender Mond am Fluss

1. Vergleichen Sie die beiden Gedichte und erarbeiten Sie die Unterschiede. Wie werden Kunst und Natur jeweils gesehen? – Stellen Sie Vergleiche an mit den anderen Texten dieses Kapitels.
2. Gibt die Kreidezeichnung Goethes vielleicht einen Hinweis darauf, welches Gedicht das echte ist?
3. Diskutieren Sie Ihr eigenes Verständnis von Kunst: Inwieweit haben Kunst und Natur miteinander zu tun?

Für Goethe und die anderen Vertreter der Weimarer Klassik war das Weltganze eine lebendige Ordnung aller Dinge: Sterne, Planeten und Erde mit ihren Menschen, Tieren und Pflanzen – all dies war für sie ein einziger großer Organismus. Die Natur wurde gesehen als ein beständiges Werden, Wachsen und Vergehen, als ein Gewebe, in das auch der Mensch eingeflochten ist:

Was wär' ein Gott, der nur von außen stieße,
Im Kreis das All am Finger laufen ließe!
Ihm ziemt's, die Welt im Innern zu bewegen,
Natur in Sich, Sich in Natur zu hegen,
So daß, was in Ihm lebt und webt und ist,
Nie Seine Kraft, nie Seinen Geist vermißt.

Goethe – Barometer:
1790 erfand Goethe ein Barometer aus mundgeblasenem Glas. Wenn der Luftdruck sinkt, steigt die Wassersäule in der Pfeife und umgekehrt.

Von hier aus erklärt sich Goethes lebenslanges Engagement in der naturwissenschaftlichen Forschung. Er beschäftigte sich z. B. überaus intensiv mit Geologie (vgl. S. 14), Zoologie, Botanik, Anatomie und mit Optik.

Dichtung und Naturwissenschaft hingen für Goethe untrennbar zusammen; seine ethischen Normen waren aus seinem Wissenschaftsverständnis nicht herauszulösen: „Auch in den Wissenschaften ist alles ethisch" notiert er am 15. 2. 1831 in seinem Tagebuch. Und an anderer Stelle sagt er: „Wenn der Naturforscher sein Recht einer freien Beschauung und Betrachtung behaupten will, so mache er sich zur Pflicht, die Rechte der Natur zu sichern."

Wissenschaft und Poesie waren für Goethe sehr gut vereinbar, ja geradezu untrennbar miteinander verbunden. So vertritt er z. B. die Auffassung, dass „Wissenschaft sich aus Poesie entwickelt habe [und dass] nach einem Umschwung von Zeiten, beide sich wieder freundlich, zu beiderseitigem Vorteil, auf höherer Stelle, gar wohl wieder begegnen könnten."

Eben die Verbindung von Dichtung, Philosophie, Religion und Wissenschaft war Charakteristikum und Grundlage der Weimarer Klassik, und deren Kultur war beileibe nicht nur literarisch, sondern universell. Nicht nur Goethe und Schiller, auch Wieland, Herder, die Brüder Humboldt und all die anderen heute weniger bekannten Repräsentanten der damaligen Zeit waren überaus vielseitig. Sie alle verband ein gemeinsames Streben: das Streben danach, den Menschen und seine Stellung innerhalb der Natur umfassend zu analysieren und, darauf aufbauend, zu versuchen, seine als verloren erfahrene Einheit mit sich und der Welt wiederherzustellen.

Goethe kritisierte die Haltung vor allem der zeitgenössischen Mathematik und Physik, die die Natur nur zum Gegenstand menschlichen Forschungsgeistes machte und dabei übersah, dass der Mensch selbst ein Teil dieser Natur war. Wissenschaftliche Exaktheit, Sinnlichkeit und Phantasie waren für ihn keine Kennzeichen verschiedener Wissenschaftsbereiche, sondern notwendige Ergänzungen für eine ganzheitliche Sicht der Dinge. Und seine „exakte sinnliche Phantasie", wie er es nannte, wurde für ihn zur Grundlage wissenschaftlicher Betrachtungsweise.

1. Interpretieren Sie Goethes Gedicht *Was wär ein Gott …* Überprüfen Sie Ihre Aussagen anschließend an den folgenden Texten Goethes in diesem Kapitel. 

DIE METAMORPHOSE DER PFLANZEN

* hier: Umwandlung der Grundform pflanzlicher Organe in eine spätere, der Funktion entsprechende Form

vgl. S. 24

Die *Metamorphose* der Pflanzen* ist eines der wichtigsten naturwissenschaftlichen Werke Goethes. Gleichzeitig wird hier seine Anschauung am augenfälligsten. Goethe geht davon aus, dass es eine „Urpflanze" geben müsse, die gewissermaßen idealtypisch die wesentlichen Merkmale einer Pflanze in sich vereinigt, denn wie sei es sonst möglich, so fragt Goethe „[zu erkennen,] dass dieses oder jenes Gebilde eine Pflanze sei, wenn sie nicht alle nach einem Muster gebildet wären?" Diesen Gedanken baut er bald schon dahingehend aus, dass er annimmt, es gebe ein „Urorgan" der Pflanze – den Teil, der als „Blatt" bezeichnet wird, aus dessen Grundstruktur sich alle Teile der Pflanze ergeben:

Ein jeder, der das Wachstum der Pflanzen nur einigermaßen beobachtet, wird leicht bemerken, daß gewisse äußere Teile derselben sich manchmal verwandeln und in die Gestalt der nächstliegenden Teile bald ganz, bald mehr oder weniger übergehen.

J. W. Goethe: Beziehung zwischen Laubblatt und Kronblatt bei Tulpen

Um nun die eher geahnten (und experimentell kaum nachweisbaren) Zusammenhänge in der Natur darzustellen, taugt eine wissenschaftliche Sprache nicht, sondern dazu bedarf es der Kunst. Diesen Zusammenhang will er 1798 in der zweiten Fassung seiner *Metamorphose der Pflanzen* verdeutlichen, wenn er diese nun in Versen schreibt, und zwar in kunstvollen, an die Antike angelehnten Distichen.

1. Versuchen Sie zu erklären, woran man eine Pflanze als solche erkennt…
2. Erläutern Sie den folgenden Satz Goethes und beziehen Sie ihn auf Ihre bisherigen Erkenntnisse. Erörtern Sie seine Gültigkeit heute.

1.) Welchen Niederschlag findet Goethes naturwissenschaftliche Anschauung in den ersten Szenen des *Faust*?
2.) Goethes naturwissenschaftliche Tätigkeit im Spiegel der modernen Physik (vgl. Lektüre-Tipps am Ende des Kapitels)

Das Wahre, mit dem Göttlichen identisch, läßt sich niemals von uns direkt erkennen, wir schauen es nur im Abglanz, im Beispiel, Symbol, in einzelnen und verwandten Erscheinungen; wir werden es gewahr als unbegreifliches Leben und können dem Wunsch nicht entsagen, es dennoch zu begreifen.

aus: Goethe, *Versuch einer Witterungslehre*, 1825

DER ZWISCHENKIEFERKNOCHEN

Goethe studierte sehr ausdauernd Versteinerungen und anato-
mische Präparate und beschäftigte sich mit der Frage, warum
der Mensch nur ein einziges Oberkieferbein zu besitzen schien,
wo doch die ganze Tierwelt einschließlich des Affen eine Kinn-
lade hat, die aus zwei Teilen besteht: dem Oberkiefer- und dem
Zwischenkieferbein. Dies passte nicht zu Goethes Überzeugung,
dass alles in der Natur zusammenhängt, dass es zwischen allen
Stufen der Entwicklung fließende Übergänge gibt. Nach langem
Forschen entdeckte er 1784 zu seiner „unsäglichen Freude" auch
am menschlichen Schädel schwache Spuren der Nähte, die bei
den Tieren die beiden Kieferteile verbinden, und er schloss daraus, dass es auch beim Menschen früher einen Zwischenkiefer-
knochen gegeben haben müsse. Damit arbeitete er Charles Dar-
win vor, der die Grundlagen für die moderne Evolutionstheorie schuf, indem er lehrte,
dass durch die erdgeschichtliche Entwicklung von den niederen zu den höheren Arten
alle Lebewesen miteinander verwandt seien. Mit seiner Entdeckung stand Goethe in der
ersten Reihe der Biologen seiner Zeit.

Schädelskizze Goethes

DIE FARBENLEHRE

Goethe selbst sah seine *Farbenlehre* als eines seiner wichtigsten, wenn nicht gar als <u>das</u>
wichtigste Werk an, und er polemisierte in z.T. überaus harter Form gegen seinen Ge-
genspieler, den Physiker Isaak Newton, und dessen Anhänger.
Newtons Farbenlehre ist völlig unabhängig von einem sehenden Individuum und hier
liegt der zentrale Kritikpunkt Goethes: Er konnte nämlich keine Naturwissenschaft ak-
zeptieren, die den unmittelbaren sinnlichen Eindruck auslöschte, die gewissermaßen
mathematisierbar, d.h. in Formeln auszudrücken war. Er wehrte sich gegen jeden Versuch, mit Mathematik „das Lebende in ein Totes" zu verwandeln. Daher lehnte er auch
Brillen oder Fernrohre ab. Die Natur mit Formeln und Zahlen zu „zerlegen" widerstreb-
te seinem ganzheitlichen Denken und tat der Natur in seinen Augen Gewalt an.
Goethes Ansicht nach sind Farben und Auge eine untrennbare Einheit; der Mensch ist so
geschaffen, dass er Farben sehen kann, und diese wiederum sind in ihrer Beschaffenheit
vom Auge abhängig.

Wär nicht das Auge sonnenhaft,
Die Sonne könnt' es nie erblicken;
Läg' nicht in uns des Gottes eigne Kraft,
Wie könnt' uns Göttliches entzücken?

Holzschnitt nach einer Zeichnung Goethes; unter dem Auge sind noch
eine Lupe und ein Prisma erkennbar.

Vom Standpunkt der Physik aus hatte Goethe unrecht; sein Postulat der physischen und chemischen Farben ist nicht mehr diskutabel. Anders sieht es jedoch mit seinen Aussagen über die Beziehung vom menschlichen Auge zur Farbe aus. Hier haben sich Goethes Theorien bestätigt, dass das Auge im genetischen Lernen die Gesetze der Optik erfasst habe: So gesehen, ist das Auge tatsächlich „sonnenhaft".

Goethes naturwissenschaftliches Weltbild ist nach dem Zweiten Weltkrieg durch große Physiker wie Werner Heisenberg oder Carl Friedrich von Weizsäcker zu neuen Ehren gekommen: Zunehmend wird der Mensch und wird die Beziehung des Menschen zu seiner Um-Welt wieder ins Zentrum gerückt:

Werner Heisenberg:

Das Naturbild Goethes und die technisch-naturwissenschaftliche Welt

In der Naturwissenschaft, wie in der Kunst, ist die Welt seit Goethe den Weg gegangen, vor dem Goethe gewarnt hat, den er für zu gefährlich hielt. Die Kunst hat sich von der unmittelbaren Wirklichkeit ins Innere der menschlichen Seele zurückgezogen, die Naturwissenschaft hat den Schritt in die Abstraktion getan, hat die riesige Weite der modernen Technik gewonnen und ist bis zu den Urgebilden der Biologie und bis zu den Urformen vorgedrungen, die in der modernen Wissenschaft den platonischen Körpern entsprechen. Gleichzeitig sind die Gefahren so bedrohlich geworden, wie Goethe es vorausgesehen hat. Wir denken etwa an die Entseelung, die Entpersönlichung der Arbeit, an das Absurde der modernen Waffen oder an die Flucht in den Wahn, der die Form einer politischen Bewegung angenommen hatte. Der Teufel ist ein mächtiger Herr. Aber der lichte Bereich, […] den Goethe überall durch die Natur hindurch erkennen konnte, ist auch in der modernen Naturwissenschaft sichtbar geworden, dort wo sie von der großen einheitlichen Ordnung der Welt Kunde gibt. Wir werden von Goethe auch heute noch lernen können, daß wir nicht zugunsten des einen Organs, der rationalen Analyse, alle anderen verkümmern lassen dürfen: daß es vielmehr darauf ankommt, mit allen Organen, die uns gegeben sind, die Wirklichkeit zu ergreifen und sich darauf zu verlassen, daß diese Wirklichkeit dann auch das Wesentliche, das „Eine, Gute, Wahre" spiegelt. Hoffen wir, daß dies der Zukunft besser gelingt, als es unserer Zeit, als es meiner Generation gelungen ist.

C. F. von Weizsäcker: Nachwort zum Band „Naturwissenschaftliche Schriften I" der Hamburger Ausgabe, Bd. 13.
W. Heisenberg: Das Naturbild Goethes und die technisch-naturwissenschaftliche Welt. In: Goethe 29, neue Folge des Jahrbuchs der Goethe - Gesellschaft. Weimar 1967, S. 27–42

1. Zeigen Sie an dem Vierzeiler Goethes von S. 57, welche Weiterungen seine wissenschaftlichen Ausführungen zulassen; was meint er mit dem Begriff „sonnenhaft" und welche Schlussfolgerungen zieht er aus seiner Feststellung?
2. Markieren Sie die wichtigsten Aspekte von Heisenbergs Text und stellen Sie eine Beziehung her zu dem, was Sie mittlerweile über Goethes naturwissenschaftliches Denken wissen.
3. Heisenberg hielt den Vortrag, aus dem dieser Textauszug stammt, im Jahre 1967. Lassen sich seine Ausführungen aktualisieren?
4. Nehmen Sie Stellung zu Heisenbergs letztem Satz: Ist es unserer heutigen Generation besser gelungen, die Wirklichkeit und in ihr das „Wesentliche, das ‚Eine, Gute, Wahre'" zu ergreifen?

Ich habe seinen Geist unterhalten ...

Literaturgeschichte ist, wie Geschichte überhaupt, ein Zusammentreffen von Zufällen und viele Werke der Weltliteratur sind von ihrer Entstehungsgeschichte her eher Rand-produkte einer momentanen Stimmung ihres Verfassers – oft durch andere Menschen verursacht. Wenn man also die Weimarer Klassik einzig und allein als die Zeit Goethes und Schillers ansieht, verzerrt man die Wirklichkeit.

Dass es überhaupt zum Aufenthalt der beiden in Weimar kam, dass sie dort blieben, dass sie sich kennenlernten, dass sie schreiben konnten, was sie schrieben – das alles ist ein paar wenigen Menschen zu verdanken, die, wenn überhaupt, nur als Randfiguren je Er-wähnung finden. Fünf Frauen hatten besonders großen Anteil an der Entstehung der „Weimarer Klassik".

DIE „MUTTER DER KLASSIK" – HERZOGIN ANNA AMALIA

Die Zeichen für eine glückliche Herrschaft standen denkbar schlecht: Anna Amalia (1739–1807) war gerade 16 Jahre alt, als man sie mit dem acht-zehnjährigen Weimarer Erbprinz verheiratete. Als dieser schon zwei Jahre später starb, war die jugendliche Herzogin mit ihrem zweiten Kind schwanger. Bis das Erste, Karl August, im Jahre 1775 als Achtzehnjähriger die Regierung über-nahm, lag die ganze Verantwortung bei Anna Ama-lia. Sie war um ihre Aufgabe nicht zu beneiden: Das Herzogtum war verschuldet und sie war umgeben von In-triganten, die sie entmachten wollten. Doch sie setzte sich durch und es gelang ihr sogar, neben der Politik noch einiges für die Kultur zu tun, die von Ju-gend auf ihre Leidenschaft war: Sie komponierte, musizierte, zeichnete und schwärmte für das Theater. Immer wieder kamen Schauspielertruppen nach Weimar, die besten ih-rer Zeit, und als Hofmeister und Gymnasiallehrer verpflichtete sie J. K. Musäus, der spä-ter durch seine Volksmärchen berühmt wurde. 1772 aber wurde der entscheidende Mann für Weimar verpflichtet: der damals schon sehr bekannte Dichter Christoph Mar-tin Wieland. Er war von nun an Erzieher des fünfzehnjährigen Herzogs. Ende 1775 kam Goethe nach Weimar und mit viel Toleranz verteidigte die Herzogin den jungen Erfolgs-autor gegen alle Angriffe der Hofleute, die sein z.T. unmögliches Benehmen kritisierten. vgl. S. 10 Trotz seiner relativen Armut (1774 war zudem noch der Hauptpalast abgebrannt und bis zu seinem Wiederaufbau 1803 wohnten der Herzog und seine Mutter in großen Häusern niedrigerer Adliger) wurde der Weimarer Hof schnell zu einem kulturellen Mittelpunkt. Regelmäßig fanden bei der Herzogin „Gesellschaften" statt, in denen man musizierte, vorlas oder Laientheater spielte.

TROPFTEST MÄSSIGUNG DEM HEISSEN BLUTE ...
CHARLOTTE VON STEIN

Die beste unter allen war Frau von Stein, eine wahrhaft eigene, interessante Person und von der ich begreife, daß Goethe sich so ganz an sie attachiert hat. Schön kann sie nie gewesen sein, aber ihr Gesicht hat einen sanften Ernst und eine ganz eigene Offenheit. Ein gesunder Verstand, Gefühl und Wahrheit liegen in ihrem Wesen. […] Man sagt, daß ihr Umgang ganz rein und untadelhaft sein soll.

Mit diesen wenigen Worten Schillers geschrieben am 12. 8. 1787 (Goethe war gerade in Italien, als Schiller Frau von Stein kennenlernte) wird die Beziehung Goethes zu Charlotte in knappster Form zusammengefasst.

Charlotte von Stein (1742–1827) war sieben Jahre älter als Goethe und hatte, als die beiden sich 1775 zum erstenmal sahen, aus elf Ehejahren bereits sieben Kinder, von denen allerdings vier schon früh wieder gestorben waren. Ihre Ehe mit dem wiederum sieben Jahre älteren Josias von Stein, Oberstallmeister des Herzogs, kann zum Zeitpunkt von Goethes Ankunft kaum mehr als eine solche bezeichnet werden. Charlotte sah das Ideal einer Beziehung zwischen Mann und Frau mittlerweile nur noch in einer körperlosen Zugewandtheit der Gemüter und ihr Gatte wiederum lebte nur für „seine" Pferde und war nur selten zu Hause.

Goethe: Charlotte v. Stein

Frau von Stein war eine zurückhaltende, fast kühle Frau, stets weiß gekleidet und durchdrungen vom Gedanken des gesellschaftlich Schicklichen. Sie empfand zwar eine Art geschwisterlicher Liebe für den jungen Goethe, wurde gleichzeitig aber nicht müde, ihn zu mehr Zurückhaltung und Dezenz aufzufordern. Bereits am 14. 4. 1776 schrieb Goethe ihr eines seiner bekanntesten Liebesgedichte, in dem es u. a. heißt:

[…]
Sag', was will das Schicksal uns bereiten?
Sag', wie band es uns so rein genau?
Ach, du warst in abgelebten Zeiten
Meine Schwester oder meine Frau;

5 Kanntest jeden Zug in meinem Wesen,
Spähtest, wie die reinste Nerve klingt,
Konntest mich mit *einem* Blicke lesen,
Den so schwer ein sterblich Aug' durchdringt.
Tropftest Mäßigung dem heißen Blute,
10 Richtetest den wilden irren Lauf
Und in deinen Engelsarmen ruhte
Die zerstörte Brust sich wieder auf;

Hieltest zauberleicht ihn angebunden
Und vergaukeltest ihm manchen Tag.
15 Welche Seligkeit glich jenen Wonnestunden,
Da er dankbar dir zu Füßen lag,

Fühlt' sein Herz an deinem Herzen schwellen
Fühlte sich in deinem Auge gut,
Alle seine Sinnen sich erhellen
20 Und beruhigen sein brausend Blut.

Und von allem dem schwebt ein Erinnern
Nur noch um das ungewisse Herz,
Fühlt die alte Wahrheit ewig gleich im Innern,
Und der neue Zustand wird ihm Schmerz.
25 Und wir scheinen uns nur halb beseelet,
Dämmernd ist um uns der hellste Tag.
Glücklich, daß das Schicksal, das uns quälet,
Uns doch nicht verändern mag.

Goethe und Charlotte von Stein

Der Einfluss Frau von Steins auf Goethe in seinem ersten Weimarer Jahrzehnt kann gar nicht hoch genug eingeschätzt werden. Er schrieb ihr über 1700 Briefe – und das, obwohl sich die beiden lange Zeit fast täglich sahen. Eingestreut in diese Briefe sind oft Gedichte, Tagebuchaufzeichnungen, Naturbeschreibungen oder Zeichnungen. Man muss sich die Briefkultur im 18. Jahrhundert überhaupt als etwas völlig anderes als das Briefeschreiben von heute vorstellen. Viele der Briefe Goethes, auch solche, in denen er Charlotte seine Liebe beteuerte, waren nichts eigentlich Privates, sondern wurden von mehreren gelesen. Außerdem wurde geistige Liebe, wie sie in dem obigen Gedicht zum Ausdruck kommt, von der Gesellschaft durchaus toleriert und man sprach sehr offen darüber. Im April 1776 schrieb Goethe z. B. an Wieland:

vgl. S. 10 ff.

Ich kann mir die Bedeutsamkeit – die Macht, die diese Frau über mich hat, nicht anders erklären als durch Seelenwanderung. – Ja, wir waren einst Mann und Weib! – Nun wissen wir von uns – verhüllt, in Geisterduft. – Ich kenne keinen Namen für uns – die Vergangenheit – die Zukunft – das All.

1. Der Brief an Wieland steht in sehr enger zeitlicher und thematischer Beziehung zu dem Gedicht. Sehen Sie den Grund dafür?
2. Versuchen Sie, Goethes Gebrauch der Tempora zu erklären. Warum unterscheidet er zwischen „abgelebten Zeiten" und dem „neuen Zustand"? Beschreiben Sie beide.

Charlotte von Stein hat Goethe bis zu seiner Flucht nach Italien (1786) geformt, hat ihn „Mäßigung" gelehrt, ihn dazu gebracht, seine genialischen Züge der Sturm-und-Drang-Zeit abzulegen. Ihr Einfluß spiegelt sich in vielfacher Brechung in Goethes Werken aus jener Zeit – in zahlreichen Gedichten, aber auch in Dramen wie *Iphigenie auf Tauris* oder *Torquato Tasso*.
Nach Goethes Rückkehr aus Italien im Jahr 1788 war die Beziehung merklich abgekühlt und als er gar Christiane Vulpius kennenlernte, brachen die Kontakte fast völlig ab. Charlotte von Stein war verbittert, fühlte sich zurückgesetzt und hatte keinerlei Verständnis dafür, dass ein Mann wie Goethe eine ernste Beziehung mit einem „vulgären Blumenmädchen" (so Frau von Stein) eingehen konnte. Offenbar zweifelte sie nun grundsätzlich an der Liebesfähigkeit der Männer, denn am 15.11.1789 schrieb sie an einen Vertrauten, Goethes Freund Knebel:

Nun sollten Sie aber auch eine Abhandlung schreiben, da Sie ein unparteiischer Frauenfreund sind, und beweisen, daß von unserem Geschlecht nie sollte wieder geliebt werden! Ebendeswegen, weil die Männer sich nur *ver*lieben, denn es ist das Wort ein richtiger Ausdruck von etwas, das sich *ver*tut, wie: *ver*spielen, *ver*schmausen usw., und nichts Bleibendes wie *lieben*, das Eigentliche von *unserer* Gemütsart.

SIE WAR NICHT VON STEIN – CHRISTIANE VULPIUS

12. Juli 1788: Der gutaussehende, von seinem Italienaufenthalt noch braungebrannte Geheimrat Goethe, 39 Jahre alt, einer der wohlhabendsten und einflussreichsten Männer des Herzogtums und eine europäische Berühmtheit, wird während eines Spaziergangs im Park von dem 23-jährigen Blumenmädchen Christiane Vulpius angesprochen. Sie bittet ihn, sich für ihren schuldlos in Not geratenen Bruder einzusetzen und ihm bei der Suche nach einer Arbeitsstelle zu helfen. Goethe kennt den jungen Mann dem Namen nach und man kommt ins Gespräch. Goethe, der zu jener Zeit allein in seinem „Gartenhaus" wohnt, fühlt sich recht einsam, weil die meisten seiner Freunde und Bekannten gerade nicht in Weimar sind. Er lädt das Mädchen auf den Abend zu sich ein. Wenig später zieht sie als seine Haushälterin und Geliebte zu ihm…
25 Jahre nach ihrer ersten Begegnung widmete Goethe Christiane eines der beiden folgenden Gedichte und umriss damit seine Beziehung zu ihr:

<table>
<tr><td>

Gefunden

Ich ging im Walde
So für mich hin,
Und nichts zu suchen,
Das war mein Sinn.

5 Im Schatten sah ich
Ein Blümchen stehn,
Wie Sterne leuchtend,
Wie Äuglein schön.

Ich wollt es brechen,
10 Da sagt' es fein:
Soll ich zum Welken
Gebrochen sein?

Ich grub's mit allen
Den Würzlein aus,
15 Zum Garten trug ich' s
Am hübschen Haus.

Und pflanzt' es wieder
Am stillen Ort;
Nun zweigt es immer
20 Und blüht so fort.

</td><td>

Heidenröslein

Sah ein Knab' ein Röslein stehn,
Röslein auf der Heiden,
War so jung und morgenschön,
Lief er schnell, es nah zu sehn,
5 Sah's mit vielen Freuden.
Röslein, Röslein, Röslein rot,
Röslein auf der Heiden.

Knabe sprach: Ich breche dich,
Röslein auf der Heiden!
10 Röslein sprach: Ich steche dich,
Daß du ewig denkst an mich,
Und ich will's nicht leiden.
Röslein, Röslein, Röslein rot,
Röslein auf der Heiden.

15 Und der wilde Knabe brach
's Röslein auf der Heiden;
Röslein wehrte sich und stach,
Half ihm doch kein Weh und Ach,
Mußt' es eben leiden.
20 Röslein, Röslein, Röslein rot,
Röslein auf der Heiden.

</td></tr>
</table>

1. Welches der beiden Gedichte ist wohl Christiane gewidmet? – Begründen Sie und erarbeiten Sie die wesentlichen inhaltlichen Unterschiede.
2. Formulieren Sie einen Bericht im Stil der heutigen Regenbogenpresse über die Beziehung zwischen Goethe und Christiane Vulpius.

Warum – so fragte man sich – gab sich Goethe mit diesem einfachen und ungebildeten Mädchen ab? Und man lieferte scherzhaft auch die bitterböse Antwort gleich mit: *Sie war nicht von Stein.*

Die vornehme Welt Weimars war auf jeden Fall empört über die Beziehung – nicht etwa aus moralischen Gründen. Außereheliche Beziehungen waren gerade in höfischen Kreisen an der Tagesordnung, und wenn z. B. Herder, der oberste protestantische Geistliche, mit einem reichen katholischen Domherrn und dessen Mätresse aus bestem Weimarer Hause nach Italien reiste, so nahm niemand daran Anstoß – ebensowenig, wenn Schiller mit seiner (verheirateten) Geliebten, Frau von Kalb, in Weimar eintraf oder wenn der Landesfürst selbst zahlreiche uneheliche Kinder hatte und nicht mit seiner Frau, sondern mit einer Schauspielerin zusammenlebte. Ausschlaggebend für die empörte Reaktion der Leute war vielmehr die Tatsache, dass Goethe eine „mésalliance" eingegangen war, eine nicht standesgemäße Beziehung. Man hatte von dem Halbgott Goethe etwas anderes erwartet. Und als im Dezember 1789 ein Kind zur Welt kam (das einzige von fünfen, das am Leben bleiben sollte), war der Skandal perfekt, zumal sich Goethe stets zu Christiane bekannte.

Goethe und Christiane Vulpius im Jahre 1800. Kreidezeichnungen von Friedrich Bury

Eigentümlicherweise – oder vielmehr: bezeichnenderweise – wurde kaum jemals Goethe das Opfer von übler Nachrede und Häme, sondern immer nur Christiane. Sie „passte nicht ins Bild" und so wurde stets von ihrem unvorteilhaften Äußeren, ihrer Ungebildetheit und ihren mangelnden Umgangsformen berichtet. Der Wahrheit entspricht das alles nicht. Sicherlich ist es richtig, dass Goethe sie anfangs nicht in die Gesellschaft einführte und dass sie zunächst stets im Verborgenen blieb, was auch zu den Gerüchten beigetragen haben mag.

Neutrale Beobachter aber schreiben ihr viel Positives zu:

Ich weiß, daß Goethes Genossin keineswegs eine Magd im Hause war. Ich selbst habe beide Hand in Hand und in traulichen Gesprächen öffentlich spazieren gehen sehen, und ein schöner munterer Knabe geleitete sie. Auch habe ich die Frau selbst gesprochen, und könnte nicht sagen, daß es ihr an Bildung fehlte. Sie hat sehr viel Einnehmendes […].
(Ludwig Hülsen, zeitgenössischer Schriftsteller)

1806 heirateten die beiden nach mittlerweile 18 gemeinsam verbrachten Jahren. Ausschlaggebend dafür war unter anderem, dass Goethe Christiane, vor allem aber seinen bald volljährigen Sohn August, hoffähig machen wollte, denn andernfalls hätte dieser als unehelich gegolten und hätte auf niedrigerer sozialer Stufe gestanden. Aus der Verheiratung entstanden Christiane neue gesellschaftliche Verpflichtungen: Sie musste mitunter Gesellschaften geben, zu Damenkränzchen einladen usw. Aber auch dies scheint sie gut gemeistert zu haben, was bei der sie umgebenden Missgunst sicher nicht einfach war.

Frau von Goethe war eine nicht große, etwas gedrungene Gestalt mit starken Zügen, etwas gerötetem Teint und gutmütigem Ausdrucke. Obgleich unbedeutend, nicht mit den Geistesgaben ausgerüstet, ihres Mannes gewaltigem Gedankengange folgen zu können, war sie jedoch weit entfernt davon, mißstimmend auf ihn zu wirken. Im Gegenteil war ihr heiterer, lebensfroher Sinn eine Erfrischung für ihn geworden, und allmählich hatte sie ihr äußeres Wesen so zu bilden verstanden, daß sie mit allem Anstande die Honneurs ihres Hauses machen konnte. Die Ehe war eine zufriedene, keiner störte den andern; Goethe setzte etwas darein, seine Frau auch öffentlich zu ehren und seine Zuneigung zu ihr einzugestehen. […]
(Ernestine Augusti, Ehefrau eines Jenaer Literaturprofessors)

Von Christiane Vulpius sind – im Gegensatz zu Frau von Stein – zahlreiche Briefe an Goethe erhalten, die Aufschluss über sie geben. So z. B. der folgende:

Mit Deiner Arbeit ist es schön: was Du einmal gemacht hast, bleibt ewig; aber mit uns armen Schindludern ist es ganz anders. Ich hatte den Hausgarten sehr in Ordnung, gepflanzt und alles. In einer Nacht haben mir die Schnecken beinahe alles aufgefressen, meine schönen Gurken sind fast alle weg, und ich muß wieder von vorne anfangen.

1. Goethe schreibt zurück…
2. In der Weimarer Tagespresse erscheinen wiederum einige Artikel über Goethe und Christiane. Dieses Mal aber über ihre Heirat bzw. über einige gesellschaftliche Ereignisse im Hause Goethe …

Christiane scheint für Goethe genau das gewesen zu sein, was er brauchte: eine Frau, die an ihn glaubte, die ihn liebte und aufmunterte, die weltoffen und gleichzeitig sehr häuslich war und die trotz aller Anfeindungen von außen und trotz aller Launen Goethes immer positiv gestimmt war – nicht zuletzt durch das Bewusstsein, von Goethe aufrichtig geliebt zu werden.
Hinzu kommt aber noch ein anderer, für sie wie auch für Goethe sehr wichtiger Punkt: die erotische Seite der Beziehung. Goethe hat diesen Teil ein Stück weit literarisch in seinen *Römischen Elegien* (zunächst als *Erotica Romana* bezeichnet) verarbeitet. Und obwohl er gleich zu Anfang einiges wieder wegstrich und doch nicht veröffentlichte, erregten sie wegen ihrer für damalige Verhältnisse außergewöhnlichen erotischen Direktheit einiges Aufsehen, und man bezog sie – mit einigem Recht – auf seine Beziehung zu Christiane. Wenn die Zeitgenossen indessen seinen Briefwechsel mit ihr gekannt hätten, wäre der Skandal perfekt gewesen, denn die beiden schrieben einander sehr offen von ihren sexuellen Wünschen; so spricht Christiane z. B. öfters von ihrer „Hasigkeit", wenn Goethe längere Zeit abwesend ist, und beide reden unbefangen vom Befinden seines „Meister Iste" (lat.: dieser andere da) oder seines „Herrn von Schönfuß". Und die Stunden trauter Zweisamkeit nennt sie „Schlampampsstündchen" und er sagt „Hätschelstündchen" dazu.
Von ca. 1810 an begann Christiane von Goethe immer häufiger krank zu werden. Heftige Schmerzen stellten ihre Lebensfreude auf eine schwere Probe und immer wieder wurde sie behandelt oder ging zur Kur – ohne großen Erfolg. Heute weiß man, dass sie Urämie◆ hatte, was damals noch nicht heilbar war.

◆ Harnvergiftung

Schließlich, Ende Mai 1816, begann ein fürchterlicher Todeskampf, der sich über mehrere Tage hinzog. Goethe selbst lag mit heftigem Fieber im Bett – Krankheit und Tod anderer machten ihn buchstäblich auch krank, er floh dann geradezu in eine eigene Krankheit. Anscheinend hielt es keine Pflegerin lange bei ihr aus, so sehr schrie sie stunden- und tagelang unter unbeschreiblichen Schmerzen. In ihrer Qual biss sie sich schließlich selbst die Zunge durch. Am 6. Juni konnte sie endlich sterben.

Es spricht vieles dafür, dass Goethe seine Frau auf dem Sterbebett nie besuchte. Und auch zu ihrer Beerdigung ging er nicht, wie er auch bei Schillers Beerdigung nicht gewesen war. Auch da hatte er krank im Bett gelegen.

E. Kleßmann, Christiane.
Goethes Geliebte und
Gefährtin. Fischer,
Frankfurt/M 1995

WIE EINE GLORIE SCHWEBT EURE LIEBE UM MICH – DIE SCHWESTERN VON LENGEFELD

Ebenso wie Goethe lernte auch Schiller im Jahr 1788 die Frau seines Lebens kennen – oder vielmehr: die Frauen seines Lebens, denn es handelt sich um das Schwesternpaar Karoline und Charlotte von Lengefeld.

Selbst wenn für den heutigen Leser bei der Beurteilung der bisweilen schwärmerisch-sinnlichen Briefe des 18. Jahrhunderts Vorsicht geboten ist, kann man doch sagen, dass beide Schwestern Schiller liebten und er ihre Gefühle erwiderte.

Karoline und Charlotte waren sehr verschieden. Die Erstere war reif, phantasiebegabt, leidenschaftlich, intelligent. Charlotte, die Jüngere, war zurückhaltend, naturverbunden, überdurchschnittlich gebildet, häuslich.

Wer ist wer?

Seine Briefe richtete er fast immer an beide, z. B. auch den folgenden:

O meine teure Karoline, meine teure Lotte! Wie so anders ist jetzt alles um mich her, seitdem mir auf jedem Schritt meines Lebens nur Euer Bild begegnet. Wie eine Glorie schwebt Eure Liebe um mich, wie ein schöner Duft hat sie mir die ganze Natur überkleidet.

Die Schwestern antworteten jede für sich:

Die Reise war erträglich […], die Sonne, die heitere Luft, waren wohltätig, aber als sie sich verbarg, und der Abendwind über die leeren Felder wehte, und wir in die kalte Luft eingehüllt waren, lieber Freund, wie wurde es mir da so weh ums Herz! Ich dachte mir lebhaft, daß es die Stunde unsrer Zusammenkunft wäre; und nun wie so anders! – … Es ist sonderbar und oft unbegreiflich, wie sich Menschen finden … Wir kennen uns erst ein Jahr, und mir ist als wären wir immer Freunde gewesen. Ihr Geist war mir zwar nie fremd, denn immer fühlte ich mich zu ihm gezogen, wenn ich von Ihnen las; aber nun ist es doch noch anders. Denn jetzt wird es mir fast unmöglich, mir meine Freuden ohne Sie zu denken; und so wird's bleiben, nicht wahr? … Nun leben Sie wohl, lieber Freund, denken Sie meiner oft; und immer mit einer freundschaftlichen Empfindung, ich erwidre sie gern.

Sein Sie gegrüßt von ganzer Seele, mein teurer Freund! Dies ist der erste Gruß, der durch einen so weiten Weg zu Ihnen gelangt. Das Gefühl Ihrer Entfernung bleibt immer lebendig in mir, tausend Erinnerungen, tausend liebe Gewohnheiten werden es. Ach, ich kenne keinen Ersatz für das, was Sie meinem Leben gegeben haben! So frei und lebendig existierte mein Geist vor Ihnen! So wie Sie hat es noch niemand verstanden, die Seiten meines innersten Wesens zu rühren – bis zu Tränen hat es mich oft bewegt, mit welcher Zartheit Sie meine Seele in trüben Momenten gepflegt, getragen haben. – Wie nötig ist es mir, in der Hoffnung zu leben! Erinnerung allein würde mein Herz zerreißen, aber so schöpfe ich aus ihr Ahnungen künftiger Glückseligkeit. […] O gutes Schicksal! Nur Sie in unsrer Nähe, und dann mögen die Parzen♦ noch hinzuspinnen, was ihnen sonst gefällt.

♦ Parzen: Schicksalsgöttinnen, die über das Leben des Menschen bestimmen, die seinen Lebensfaden knüpfen, halten und abschneiden.

1. Schiller analysiert die beiden Briefe. Er vergleicht und überlegt, welcher der beiden Schwestern er einen Heiratsantrag stellen soll…
2. Ordnen Sie die beiden Bilder den Briefen zu. Begründen Sie.

Schiller heiratete schließlich Charlotte, und zwar nicht zuletzt auf Drängen von Karoline, die sich um ihre Schwester sorgte und meinte, diese würde letzten Endes doch besser zu Schiller passen als sie. Schillers Entscheidung für Lotte stieß im Freundeskreis auf Verwunderung, denn es wurde allgemein angenommen, Karoline habe ihn mehr geliebt und besser zu ihm gepasst als Lotte. Aber möglicherweise glaubte Schiller auch, Lotte werde die bessere Ehefrau abgeben, hatte sie doch immer wieder betont, nur für ihn da sein zu wollen: „Der Gedanke, zu Ihrem Glück beitragen zu können, steht hell und glänzend vor meiner Seele." Und nach seinem Tod sollte Charlotte von ihm sagen: „Ich habe seinen Geist, seine volle, rege Tätigkeit unterhalten, indem ich für ihn lebte. Ohne mich wäre er vielleicht nicht so lange der Welt geblieben."
Dies ist sicherlich richtig. Aber sie war noch mehr für ihn: Als Patenkind von Frau von Stein hatte sie gute Beziehungen zum Weimarer Hof und sie vermittelte ihm dadurch zumindest indirekt seine Professur in Jena. Sie und ihre Schwester arrangierten wie zufällig die Begegnung von Schiller und Goethe und ihr taktisches und gesellschaftliches Geschick waren die Voraussetzung dafür, dass Schiller in der Weimarer Gesellschaft Fuß fassen konnte und dass er schließlich, im Jahre 1802, sogar geadelt wurde – was ihm zwar nichts bedeutete, der Familie aber wesentliche Kontakte an anderen Fürstenhöfen ermöglichte. Und schließlich, das ist vielleicht der wichtigste Aspekt, bot ihm die häusliche Charlotte das, was er brauchte, um seine Werke schaffen zu können, und was ihm Karoline nicht hätte bieten können: ein intaktes Familienleben, eine unendliche Fürsorge und viel Verständnis für seine Arbeit.
Karoline heiratete schließlich einen guten Freund Schillers und war eine stets hilfsbereite, aufopferungsvolle Gefährtin, die immer da war, wenn Charlotte sie brauchte – und das war häufig der Fall, denn Schiller erkrankte immer wieder sehr schwer. Auch über Schillers Tod hinaus unterstützte sie ihre Schwester.
Sie war es auch, die die erste Biographie Schillers schrieb: *Schillers Leben.*

Hansjoachim Kiene,
Schillers Lotte.
Porträt einer Frau
in ihrer Welt.
Fischer, Frankfurt/ M. 1996

Fürstenhof und Viehtrieb

Größres mag sich anderswo begeben,
Als bei uns, in unserm kleinen Leben,
Neues – hat die Sonne nie gesehn.
Sehn wir doch das Große aller Zeiten
5 Auf den Brettern, die die Welt bedeuten,
Sinnvoll, still an uns vorübergehn.
   Alles wiederholt sich nur im Leben,
   Ewig jung ist nur die Phantasie,
   Was sich nie und nirgends hat begeben,
10   Das allein veraltet nie!

Diese Zeilen Schillers aus seinem Gedicht *An die Freunde* umreißen nicht nur das Bild Weimars als Residenz, sondern auch die Reaktion der großen Weimarer auf das Leben in ihrer Stadt. Doch wie sah dieses Leben aus?

Abendkreis der Herzogin Anna Amalia

WEIMAR – EIN „GROSSES SCHLOSS"

In den Jahren 1803 bis 1804 lebte die französische Adelige Germaine de Staël, eine der berühmtesten Frauen des Jahrhunderts, in Weimar. Sie war von Napoleon, den sie zuerst bewundert, später aber öffentlich kritisiert hatte, aus Paris verbannt worden, was ihren Ruhm als Literatin und Geschichtsphilosophin allerdings eher noch förderte. Zwischen 1808 und 1810 entstand ihr berühmtestes Werk, *De l'Allemagne*. Darin heißt es über Weimar u. a.:

Weimar war nicht eine kleine Stadt, sondern ein großes Schloß. Ein ausgewählter Kreis unterhielt sich dort mit regem Interesse über jedes neue Erzeugnis der Kunst. Frauen, liebenswürdige Schülerinnen einiger hochbegabter Männer, beschäftigten sich unaufhörlich mit den Werken der Literatur wie mit politischen Ereignissen von höchster Wichtigkeit. <u>Durch Lektüre und Studium nannte man das Weltall sein eigen und entschlüpfte durch die Weite des Denkens den engen Grenzen der bestehenden Verhältnisse.</u> Indem man häufig gemeinschaftlich über die großen Fragen nachdachte, die das allen gemeinsame Schicksal stellt, vergaß man die besondern Schicksale des einzelnen.

1. Vergleichen Sie die Aussagen Schillers und Mme de Staëls. Welche Funktion haben Kunst und Literatur in ihren Augen für die Weimarer Bevölkerung? Erläutern Sie den unterstrichenen Satz im zweiten Text.

WEIMAR – EIN GROSSES DORF

Ein Sommerabend 1789. Sie nähern sich Weimar. Beim Überschreiten des Stadtgrabens wird Ihnen fast schlecht durch den Gestank des Unrats, den man offenbar jahrelang in diese Kloake schaufelte. Und nun müssen Sie sich auch noch am Stadttor genauestens ausweisen, bevor man Sie endlich einlässt! Dann endlich sind Sie in Weimar, der weltberühmten Stadt der deutschen „Klassiker" mit ihren ungefähr 6 100 Einwohnern. Die Straßen sind fast alle sehr eng, die Häuser klein, ärmlich und schlecht gebaut, zuweilen fast baufällig, der Palast ist ein verbrannter Trümmerhaufen; eigentlich ist dies gar keine „Stadt", sondern ein großes Dorf. Leider hat es vor nicht allzu langer Zeit heftig geregnet und Sie bedauern es sehr, zu Fuß gehen zu müssen, denn schon bald stehen Sie bis über die Knöchel im Schlamm. Es riecht wie auf einem alten Bauernhof, und schon bald erfahren Sie den Grund, denn jetzt kommt der Stadthirte mit den Kühen der wohlhabenderen Bürger zum Stadttor herein und treibt die Tiere quer durch Weimar. Sie gehen vorsichtig weiter und überqueren die schmalen Straßen auf schlüpfrigen „Schrittsteinen". Ladengeschäfte, wie Sie sie kennen, gibt es keine; jedoch finden Sie Metzger und Bäcker, Krämer und Apotheker sowie zahlreiche Handwerksbetriebe, die alle notwendigen Gebrauchsartikel herstellen. Nach einem Schuster müssen Sie einige Zeit suchen, denn sein Geschäft ist nicht in einem Laden im modernen Sinne untergebracht, wo die Waren in großen Fenstern ausgestellt werden, sondern man empfängt Sie in der vorderen Stube des kleinen Wohnhauses. Bei anderen Geschäften, wie z. B. der Bäckerei, sind die Fenster mit Läden versehen, die zu einem Ladentisch heruntergelassen werden können. Die Metzgerstände finden Sie hinter Heerscharen von Fliegen und unter einem langen Torbogen sind alte Kleidungsstücke zum Verkauf aufgehängt. Nach Einbruch der Dunkelheit geben Sie Ihren Plan sehr schnell auf, Weimar bei Nacht zu genießen, denn die Stadt könnte zwar von 361 Straßenlampen erleuchtet werden, aber deren Unterhaltung, so erfahren Sie von Ihrem freundlichen Wirt, ist zu kostspielig, und es werden daher nur die allerwenigsten wirklich auch angezündet. Wenn Sie also künftig bei Dunkelheit mit der Kutsche fahren, muss Ihr Bedienter mit einer Fackel voranlaufen. Die Kutsche zu wählen empfiehlt sich übrigens für einen wohlhabenden Menschen wie Sie ohnehin, denn man ist nie sicher, ob nicht nach einem (manchmal zu kurzfristigen) Warnruf ein Nachttopf aus dem Fenster auf die Straße ausgeschüttet wird.

Tags darauf, das Wetter ist jetzt schön, die meisten Bürger sind ihrer Pflicht nachgekommen, die Straßen zu säubern, sieht alles schon viel freundlicher aus, überall wird die Wäsche getrocknet, sogar an der Stadtkirche. Plötzlich reißt Sie ein Höllenlärm aus Ihren Betrachtungen: Ein räudiger Hund hetzt hechelnd an Ihnen vorbei, hinter ihm her ein Stadtknecht, dessen Aufgabe es ist, verwilderte und tollwütige Hunde einzufangen, denn diese sind ein großes Problem. Und bald schon merken Sie, dass die Sauberkeit trügerisch ist. Ein Jucken am ganzen Körper verrät die Anwesenheit ungebetener Gäste im Hotel. Läuse, Flöhe und Wanzen sind in derlei Häusern fast nicht in den Griff zu bekommen und nachts huschen Ihnen Ratten vor den Beinen herum.

Dummerweise haben Sie es versäumt, Ihr Wasser abzukochen, obwohl Sie wussten, dass in die Stadtbrunnen immer wieder gedankenlos Unrat und sogar tote Tiere geworfen werden. Die Folgen bleiben nicht aus: Sie werden krank. Geschwächt durch das Allheilmittel der damaligen Ärzte, das Blutabzapfen, erfahren Sie „Tröstliches": Ihr Fall ist beileibe keine Ausnahme; vielmehr sind Massenerkrankungen die Regel. Die Sterberate ist sehr hoch.

Schuhmacherwerkstatt um 1850

Der Lottenbach in Weimar

Man sieht: Das Leben selbst in einer Stadt wie Weimar hatte seine Tücken – und zwar nicht nur in Bezug auf Hygiene und dergleichen, sondern auch hinsichtlich der allgemeinen Atmosphäre. So schrieb z. B. noch im Jahre 1828, also lange nach Wiederaufbau des Schlosses, ein damals bekannter Reiseschriftsteller über den Gegensatz zwischen dem geistigen und dem wirklichen Weimar:

Wenn irgendeine Stadt der Imagination Streiche spielt, so ist es Weimar. Sein Ruf geht vor ihm her wie vor großen Männern, und man findet ein kleines, totes, schlecht gebautes, recht widriges Städtchen, das Schloß ausgenommen, fast gar nichts Ausgezeichnetes.

Und in einem anonymen Reisebericht der Zeit heißt es, die Einwohnerschaft Weimars bestehe zum größten Teil aus einer „Race von Spießbürgern, welchen man weder die Verfeinerung einer Hofstadt noch sonderlichen Wohlstand anmerkt". So kann es nicht verwundern, dass trotz zahlreicher Versuche – z. B. von Johanna Schopenhauer, der Mutter des berühmten Philosophen –, die verschiedenen Stände zu überbrücken und Adel und Bürgertum einander im täglichen Leben näherzubringen, die sozialen Unterschiede in aller Schärfe vorhanden blieben.
Demzufolge nahm auch das sogenannte „gemeine Volk" von seinen berühmten Dichtern nur wenig Notiz. Christian August Vulpius schrieb nach Schillers Tod:

Die Menschen sind hier gar sonderbar. Es ist schon, als wenn gar kein Schiller unter ihnen gelebt hätte, so wie's bei Herdern auch war. Alles hat mit seinen ökonomischen Lagen zu thun, und alle jagen nur der Zerstreuung nach.

1. Informieren Sie sich über das heutige Weimar. Wie wird es präsentiert, wie wird seine „klassische" Zeit für gewöhnlich dargestellt? Welche Themen werden ausgeklammert? Sehen Sie die möglichen Ursachen dafür?
2. Hatte das Leben damals auch Vorzüge gegenüber unserem heutigen? Was würde Goethe an einer heutigen Stadt störend finden?
3. Sie geraten in eine Zeitmaschine und finden sich im „klassischen" Weimar wieder. Dort treffen Sie auf eine der in diesem Heft beschriebenen Personen. Es kommt zu einem intensiven Gespräch …

vgl. S. 78 ff.

MEIST NUR SICH SELBST ÜBERLASSEN …

Wie lebten die Schriftsteller des 18. Jahrhunderts? Wie war ihre soziale Situation? Mit welchen Schwierigkeiten hatten sie zu kämpfen? – Zwei völlig verschiedenartige Texte versuchen eine Antwort auf diese Fragen zu geben. Im Anschluss daran folgt ein Überblick über die finanzielle Lage einiger bürgerlicher Autoren des 18. Jahrhunderts.

Das Hauptproblem für Autoren, die wie Lessing, Klopstock, Wieland u. v. a. zwar zeitweise den Mut zu einer „freien" Schriftstellerexistenz hatten, aber nicht über gesicherte finanzielle Quellen verfügten, bestand darin, sich mit Hilfe der literarischen Einkünfte die geistige und materielle Unabhängigkeit zu schaffen, die zum Ethos der ständischen Dichter gehörte und deren hohe literarische und kulturelle Leistungen im Dienst der Aufklärung und der 5 deutschen Nationalliteratur ermöglichte. Dazu kommt, daß die weitaus meisten Autoren, die den Charakter der deutschen Literatur in der zweiten Hälfte des 18. Jahrhunderts bestimmten, nicht aus dem Adel, Beamtenadel oder der patrizischen Oberschicht reicher Städte, z. B. Hamburg und Zürich, stammten, wie es bei zahlreichen Vertretern des ständischen Dichtertums der Fall war, sondern zum größten Teil aus dem gebildeten, aber besitzlosen Mittelstand 10 (Beamte, Pastoren, Professoren, Lehrer usw.) hervorgingen, z. T. auch, wie beispielsweise Johann Gottfried Seume, Johann Heinrich Voß, Heinrich Jung-Stilling, Karl Philipp Moritz und Friedrich Maximilian Klinger, aus den unteren bürgerlichen Schichten, dem späteren Kleinbürgertum oder der Landbevölkerung. Die Vertreter der Schriftstelleremanzipation versuchten also, die Entwicklung der deutschen Nationalliteratur aus ihren ständischen und 15 akademisch–universitären Bindungen zu lösen, um sie auf eine möglichst breite gesellschaftliche, wirtschaftliche und geographisch-kulturelle Basis zu stellen. Sie allein bot erst die Möglichkeit zu einer professionellen, unabhängigen Literatenexistenz.

1795 verfasste Goethe die Schrift *Literarischer Sansculottismus*. Anlass dafür war ein Presseartikel, der den Mangel an großen deutschen Prosawerken beklagte. Goethe zieht darin die Bilanz aus den Schwierigkeiten, denen die zeitgenössischen Schriftsteller ausgesetzt waren:

◆an den verschiedensten Orten

Zerstreut◆ geboren, höchst verschieden erzogen, meist nur sich selbst und den Eindrücken ganz verschiedener Verhältnisse überlassen; von der Vorliebe für dieses oder jenes Beispiel einheimischer oder fremder Literatur hingerissen: zu allerlei Versuchen, ja Pfuschereien genötigt, um ohne Anleitung seine eigenen Kräfte zu prüfen, erst nach und nach durch Nachdenken von dem überzeugt, was man machen soll; durch Praktik unterrichtet, was man machen 5 kann; immer wieder irre gemacht durch ein großes Publikum ohne Geschmack, das das Schlechte nach dem Guten mit eben demselben Vergnügen verschlingt; dann wieder ermuntert durch Bekanntschaft mit der gebildeten, aber durch alle Teile des großen Reichs zerstreuten Menge; gestärkt durch mitarbeitende, mitstrebende Zeitgenossen – so findet sich der deutsche Schriftsteller endlich in dem männlichen Alter, wo ihn Sorge für seinen Unterhalt, 10 Sorge für eine Familie sich nach außen umzusehen zwingt, und wo er oft mit dem traurigsten Gefühl durch Arbeiten, die er selbst nicht achtet, sich die Mittel verschaffen muß, dasjenige hervorbringen zu dürfen, womit sein ausgebildeter Geist sich allein zu beschäftigen strebt.

1. Lesen Sie die beiden Texte aufmerksam durch und unterstreichen Sie jene Aussagen, die Ihnen zur Beantwortung der Eingangsfragen wichtig scheinen.
2. Fassen Sie die Texte in möglichst knapper Form zusammen und vergleichen Sie ihre Aussageabsicht.

Die meisten Menschen waren arm, viele lebten permanent am Existenzminimum, das bei etwa
60–100 Talern im Jahr anzusetzen ist. Nur einige wenige waren wirklich reich, wie die folgende
Übersicht über die Einkommensverhältnisse in Weimar aus dem Jahr 1820 zeigt (in Talern pro Jahr):

Beruf/Taler	über 2000	1500–2000	1000–1500	700–1000	400–700	100–400	unter 100
Verwaltung und Polizei	6 Staatsminister	Kanzler, Kammerräte	geheime Räte	Räte, Assessoren, Bibliothekar	Sekretäre, Kanzlisten, Revisoren, Kopisten, Wachtmeister, Boten, Leutnant		Boten, Gendarmen, Postillione
Hofpersonal	Oberstallmeister	Hofmarschall, Kapellmeister	Oberhofmeister, Stallmeister	Schauspieler	Hofdamen, Schauspieler	Lakaien, Kutscher	Knechte und Mägde
Geistliche, Ärzte, Lehrer	Leibarzt		Direktor des Gymnasiums	Ärzte, Advokaten, Apotheker	Pfarrer, Gymnasialprof., Lehrer	Lehrer, Chirurgen	Privatlehrer
Kaufleute, Händler, Gastwirte	2 Industrielle, 1 Bankier		Gastwirte, Bankiers	Kaufleute, Gastwirte, Händler			
Handwerker				Müller	Bäcker, Fleischer, Drucker, Goldschmied	u. a. Schuhmacher, Schlosser	Handwerker
Gesellen, Bediente, Sonstige						Gesellen	Knechte, Mägde, Tagelöhner
Anzahl	11	8	30	42	126	845	1475

Die bürgerlichen Schriftsteller waren finanziell sehr unterschiedlich gestellt, und je nach Größe
der Familie, Beruf und Wohnort differierten die Kosten für ihre Haushaltsführung erheblich:

Name	Stand/Ort	Zeit	Taler	
J. W. Goethe	Geheimrat, Weimar	1776	1200, später 1800	*Jährliche Einkünfte aus Ämtern*
J. H. Voß	Rektor, Eutin	1796	800	
G. A. Bürger	Amtmann, Göttingen	70er Jahre	300	
Fr. Schiller	a. o. Prof., Jena	1791	200 (Kolleggelder)	
J. W. v. Goethe		bis 1787	1500–2000	*Jährliche Schriftstellereinkünfte*
G. A. Bürger		1785–1792	1200	
J. H. Voß		1775	500	
Fr. Schiller		80er Jahre	400–600	
J. W. Goethe	Geheimrat, Weimar	1776	1411	*Jährliche Lebenshaltungskosten*
G. A. Bürger	a. o. Prof., 6 Pers.	um 1790	6–700	
J. H. Voß	Rektor, Eutin	1782	400	
Fr. Schiller	a. o. Prof., ledig, Jena	um 1789	400	

1. Werten Sie die Statistik aus (z. B. auch bezüglich der Zahl der Nichterwerbstätigen) und stellen Sie
   die Zahlen gegebenenfalls graphisch dar.
2. Vergleichen Sie die Einkommen der Schriftsteller aus ihrer literarischen und aus ihrer sonstigen Tätigkeit (auch die Jahreszahlen beachten!).
3. Inwiefern hängen die Lebenshaltungskosten mit den Ämtern der Autoren zusammen?
4. Wie sind die Einkünfte der Schriftsteller im Vergleich zu denen anderer Berufsgruppen zu bewerten?

Alexander von Humboldt

A. v. Humboldt – Denkmal in Berlin

Was haben der Pinguin und die Lilie mit über eintausend weiteren Pflanzen, Tieren, Seen, Bergen usw. gemeinsam?

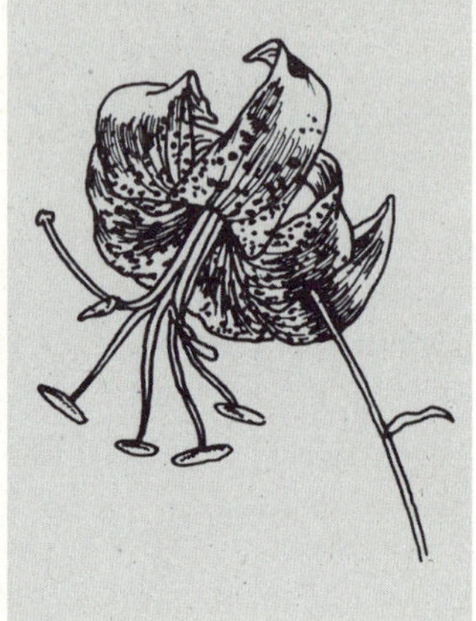

Loren A. McIntyre: Die amerikanische Reise. Auf den Spuren Alexander v. Humboldts. Geo-Buch, Gruner & Jahr, Hamburg 1990

Sehr einfach: Sie alle wurden nach dem berühmtesten Naturforscher seiner Zeit benannt: Alexander von Humboldt. Vom Humboldt-Gletscher am Nordpol über den Humboldt-Strom und den Humboldt-Berg in Venezuela bis hin zur Humboldt-Bay in Neuguinea tragen Hunderte von Naturschönheiten seinen Namen. Er war in seiner Zeit bekannter als jeder andere Deutsche. Selbst Goethe kam nicht heran an die Popularität jenes Mannes, der sich ein langes Leben lang der Erforschung der Natur verschrieben hatte und der sein gesamtes – anfangs bedeutendes – Vermögen für dieses Ziel opferte. Er war auf dem Gebiet der Naturwissenschaften der letzte wirklich universale Forscher: Auf seinen ausgedehnten Reisen machte er Studien zur Astrologie, zur Klimatologie, zur Botanik und Zoologie. Er sammelte, gemeinsam mit seinem Weggefährten Aimé Bonpland, über 5000 Pflanzen und beschrieb mehr als 3600 davon. Er zeichnete, beobachtete, beschrieb und sezierte fremde Tierarten und seine Untersuchungen zur Pflanzengeographie sind erste Zeugnisse ökologischen Denkens. Er erforschte Meeresströmungen und machte Versuche zur Elektrizität. Als begnadeter Astronom und Mathematiker lieferte er Berechnungen und Karten mit zuvor nie erreichter Präzision und machte sich einen Namen als größter Geograph und Naturforscher der Neuzeit.

1. Tragen Sie internationale Zeugnisse zu A. von Humboldt zusammen - z. B. mit Hilfe fremdsprachiger Lexika (CD-ROM) oder über das Internet. Sammeln Sie Bildmaterial.
2. Fertigen Sie einen tabellarischen Lebenslauf an.

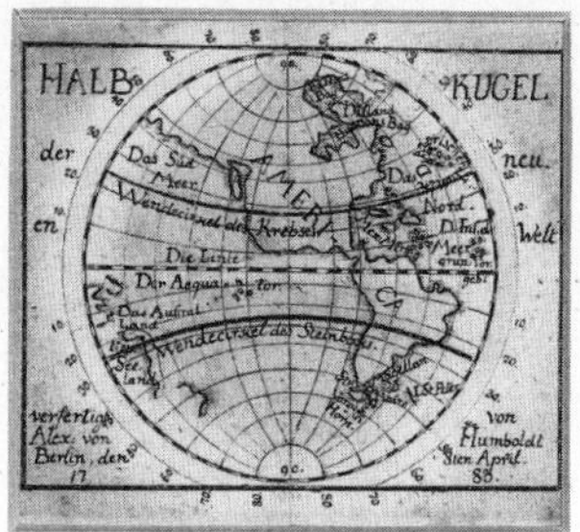
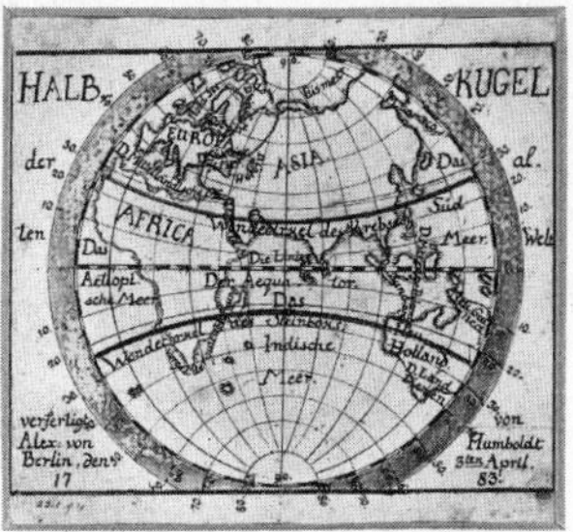
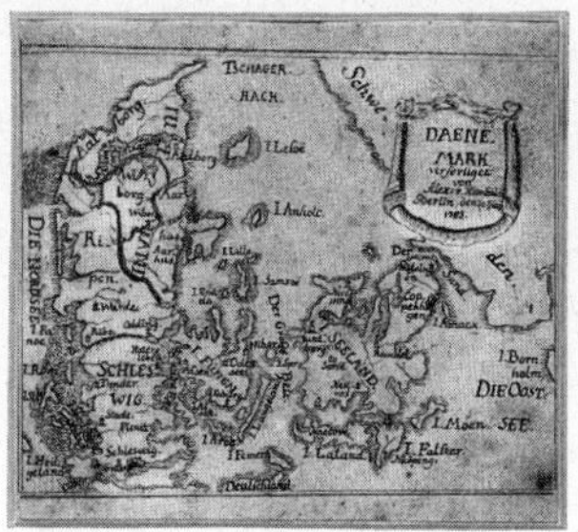
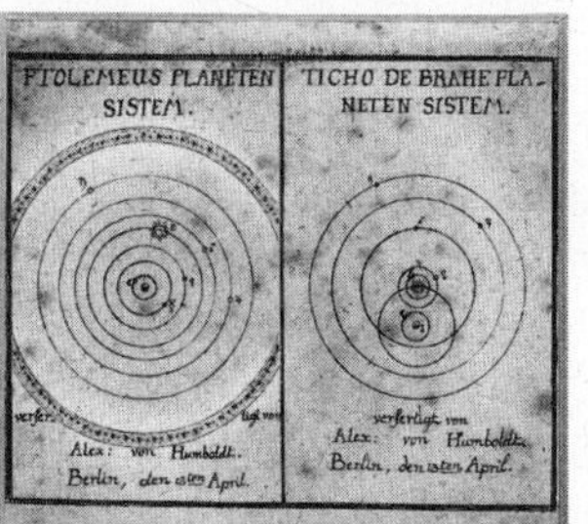
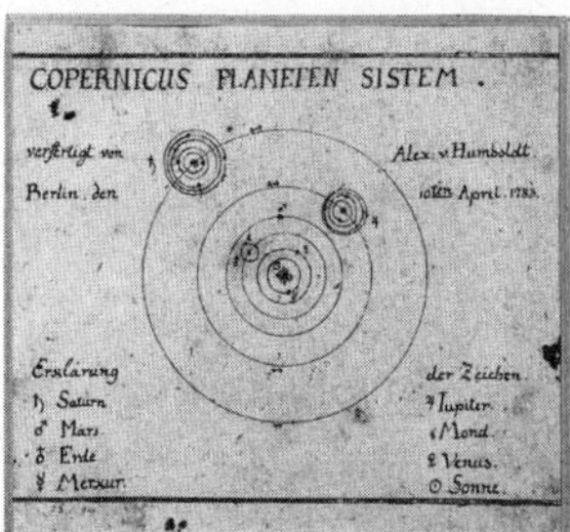

Amerika und das Kopernikanische
Planetensystem; Zeichnungen des
vierzehnjährigen A. von Humboldt

FLUCHT ALS MOTIV?

Aimé Bonpland

Anfangs sprach nicht viel dafür, dass aus dem immer etwas kränklichen und
in der Schule nicht besonders tüchtigen Alexander ein weltberühmter
Mann werden würde. Er wuchs auf Schloss Tegel bei Berlin auf und erlebte
seine Kindheit als andauernde Langeweile und „entbehrende Einsamkeit".
Sein Vater, ein preußischer Major und Kammerherr, und seine überstrenge
Mutter ließen den beiden Brüdern Wilhelm und Alexander eine sehr gute
Ausbildung zukommen, dafür aber scheint es sehr an Liebe und Zuwen-
dung gefehlt zu haben. Alexander von Humboldt reagierte darauf mit
Kränklichkeit, Zurückgezogenheit und großem Ehrgeiz. Sein Ziel war es, be-
rühmt zu werden, und schon während seiner Jugendzeit galt sein ganzes
Interesse der Erforschung der Natur: Unentwegt eignete er sich naturwis-
senschaftliche Kenntnisse an; er studierte buchstäblich Tag und Nacht.
Endlich kam seine Chance: Im Jahr der Französischen Revolution, 1789, lernte er sein Idol
Georg Forster (1754–1794) kennen. Forster war Herausgeber und Illustrator des Buches
Reise um die Welt, das 1778 für Furore gesorgt hatte. Es beschrieb eine der bedeutends-
ten Forschungsreisen seiner Zeit, Kapitän Cooks zweite Weltreise, an der Forster zusam-
men mit seinem Vater teilgenommen hatte.
Mit diesem Georg Forster also fuhr Humboldt nach Holland, Belgien, England und Frank-
reich. Das Erlebnis der Revolution hinterließ bei beiden Männern bleibende Eindrücke
und prägte fortan ihre Gesinnung. Alexander von Humboldt wurde zum Vertreter der
Menschenrechte, für die er sich immer wieder einsetzte – sei es in seiner Verurteilung der
Sklaverei in Amerika oder unsozialer und ungerechter Umstände im eigenen Lande.
Obwohl Humboldt nach dieser Reise klar war, dass er die Natur erforschen wollte, begann er jetzt sein Studium und schlug für einige Jahre eine eher bürgerliche Beamten-
laufbahn ein. Doch als seine Mutter 1796 starb – der Vater war bereits seit vielen Jahren
tot –, änderte sich seine Situation völlig. Er war nun reich; und so begann er unverzüg-
lich damit, sich in Paris die besten wissenschaftlichen Instrumente seiner Zeit zu kaufen
– einige orderte er gar aus England – und eine Expedition vorzubereiten. Während seines Aufenthaltes in Paris lernte er neben zahlreichen Wissenschaftlern von Rang auch jenen Mann kennen, mit dem er später durch dick und dünn gehen sollte: den Botaniker
Aimé Bonpland. Eigentlich sollte die Reise unter der Leitung des berühmten Naturfor-
schers Bougainville schon 1798 beginnen, doch durch die Wirren des Krieges dauerte es
noch drei Jahre, bis es endlich losgehen konnte, und zwar nicht von Frankreich, sondern
ohne Bougainville von Spanien aus. Ausgestattet mit erstklassigen Papieren des spanischen Königs stachen die beiden am 5. Juni 1799 an Bord der „Pizarro" in See. Am 16. Juli gingen sie in Venezuela an Land. Das beeindruckendste Unternehmen des Jahrhunderts begann …

Das Cacajao-Äffchen, das
Humboldt in seinem
Einbaum mitgenommen
hatte. Humboldts Bleistiftzeichnung,

MIT DEM WISSEN KOMMT DAS DENKEN

Insgesamt fünf Jahre dauerte die amerikanische Reise Humboldts
und Bonplands. Erstes Ziel der Forscher war der Casiquiare, ein Fluss,
der über den Rio Negro das Flusssystem des Amazonas mit dem des
Orinoko verbindet. Allerdings wollte in Europa niemand glauben,
dass so etwas möglich sein könne, denn es widersprach jeder Vorstellung einer natürlichen Wasserscheide und ist nur möglich, wenn
beide Flusssysteme ungefähr gleich hoch liegen und so langsam
fließen, dass es zu keiner nennenswerten Erosion kommt.

16 Monate blieb Humboldt in Venezuela und es war offenbar eine
Zeit der Qualen. Verdauungsstörungen schlimmster Sorte waren an
der Tagesordnung (man trank normales Flußwasser), ein Millionen-
heer von Moskitos begleitete jeden Schritt, so dass Humboldt in seinem Tagebuch festhielt, seine Hände seien so geschwollen, dass er
kaum mehr schreiben könne. Nachts musste man sich vor den zahlreichen Jaguaren in Acht nehmen, tagsüber wurde die Expedition
von Guahibo-Indios mit Giftpfeilen beschossen. Im Wasser lebten Pi-
ranhas und andere gefährliche Fische, und immer wieder musste das
Kanu – es war 13 Meter lang und einen Meter breit – kilometerweit
durch den Urwald geschleppt werden, weil es galt, gefährliche Katarakte zu umgehen.
Neben Humboldt und Bonpland fuhren noch zwei Diener und neun Indios mit im Boot
sowie ein großer Hund und, je länger die Reise dauerte, eine immer größer werdende
Anzahl weiterer Reisebegleiter: fünf Äffchen, Papageien, Insekten etc., die Humboldt
dem naturkundlichen Museum in Paris schenken wollte. In der letzten Nacht auf dem Casiquiare hörten die Forscher in ihren von Ameisen wimmelnden Hängematten den Schrei
eines Jaguars und das Jaulen ihres Hundes und am nächsten Morgen war er nicht mehr
da. Die Raubkatze hatte ihn mitten aus dem Lager geholt …
Trotz all dieser Mühsale betrieb Humboldt unentwegt Längen- und Breitenmessungen,
wobei er verschiedene Sternbilder zu Hilfe nahm, und machte Notizen zu allem, was er
sah: Er zeichnete Karten, bestimmte Pflanzen, schrieb über deren Zusammenleben, un-
tersuchte Wasser und Boden und verfasste, wie gewohnt in mehreren Sprachen und mit
vielen Abkürzungen, sein Tagebuch. Hier fanden sich die Notizen, die er später zu seinem Werk ausbauen sollte, das ihn weltberühmt machte.
Humboldts Briefe, die er von einzelnen einsamen Missionsstationen aus nach Hause
schrieb und in denen er beispielsweise seine Entdeckungsfahrten auf dem Orinoko oder
in den Anden schilderte, machten ihn berühmter, als dies z. B. Goethe je gewesen war.
Das galt vor allem nach seiner Ersteigung des Chimborazo im Juni 1802, von der er später folgendes berichtet:

Wir gelangten mit großer Anstrengung und Ge-
duld höher, als wir hoffen durften, da wir meist
ganz in Nebel gehüllt blieben. Der Felsrücken
(im Spanischen sehr bedeutsam cuchilla, gleich-
5 sam Messerrücken genannt), hatte oft nur die
Breite von acht bis zehn Zoll. Zur Linken war der
Absturz mit Schnee bedeckt, dessen Oberfläche
durch Frost wie verglast erschien. Die dünneisi-
ge Spiegelfläche hatte gegen 30 Grad Neigung.
10 Zur Rechten senkte sich unser Blick schaurig in
einen 800 oder 1000 Fuß tiefen Abgrund, aus
dem schneelose Felsmassen senkrecht hervorrag-
ten. Nach einer Stunde vorsichtigen Klimmens
wurde der Felskamm weniger steil, aber leider
15 blieb der Nebel gleich dick. Wir fingen nun nach
und nach an, alle an großer Übelkeit zu leiden.
Der Drang zum Erbrechen war mit etwas

Alexander v. Humboldt

Schwindel verbunden und weit lästiger als die
Schwierigkeit zu atmen … Wir bluteten aus dem
20 Zahnfleisch und aus den Lippen. Die Bindehaut
der Augen war bei allen ebenfalls mit Blut unter-
laufen. Die Nebelschleier, welche uns hinderten,
entfernte Gegenstände zu sehen, schienen plötzlich trotz der totalen Windstille, vielleicht durch
25 elektrische Prozesse, zu zerreißen. Wir erkannten
einmal wieder, und zwar ganz nahe, den domför-
migen Gipfel des Chimborazo. Es war ein ernster,
großartiger Anblick. Die Hoffnung, diesen er-
sehnten Gipfel zu erreichen, belebte unsere Kräf-
30 te aufs neue … Wir eilten sicheren Schrittes vorwärts, als auf einmal eine Art Talschlucht von etwa 400 Fuß Tiefe und 60 Fuß Durchmesser

Alexander von Humboldt und
Aimé Bonpland im Tal von
Tapia am Fuß des Vulkans
Chiboronzo

unserem Unternehmen eine unübersteigliche Grenze setzte … Die Kluft war nicht zu umgehen … Es war 1 Uhr mittags. Wir stellten mit vieler Sorgfalt das Barometer auf … Wir hat-
35 ten nach der La Placeschen Barometer-Formel eine Höhe von 5878 Meter erreicht …

Obwohl Humboldt sich um ca. 300 Meter verrechnete, blieb dies natürlich eine unge-
heure Leistung, zumal Humboldt keinerlei angemessene Bergausrüstung bei sich hatte.
Dieser Bericht begründete seinen Ruhm ebenso wie die Schilderung der Besteigung einiger großer Vulkane, z. B. des Puracé, von der er an seinen Bruder schrieb:

Man kann sich nichts Schrecklicheres denken, als diesen Weg. Dicke Wälder liegen zwischen
den Morästen; die Maultiere sinken bis auf den halben Leib ein, und man muß durch tiefe und
enge Schlüfte, daß man in Stollen eines Bergwerks zu kommen glaubt. Auch sind die Wege
mit den Knochen der Maultiere gepflastert, die hier vor Kälte oder Mattigkeit umfielen.

Seine Hose und seine Schuhe verfaulten ihm am Leib, die Füße waren wund, die Ze-
hennägel entzündet von Vulkanasche und Sandflöhen, aber auch diese Herausforde-
rung meisterte er mit Heroismus.
Nach seiner Rückkehr rissen sich die Universitäten um ihn und man bot ihm zahlreiche
hohe Ämter im diplomatischen Dienst an, doch im Zentrum stand nun die Auswertung
seiner Expedition. Humboldt war Universalgelehrter und nun wollte er all das ordnen,
was er gesehen und notiert hatte; nicht nur um eine Aufzählung von Einzelbeobach-
tungen ging es ihm dabei, sondern um Bemerkungen zum Zusammenhang der Dinge.
Über das bloße Sammeln und Ordnen massenhafter Fakten hinaus wollte er ursächliche
Zusammenhänge erkennen und darstellen, wollte das einzelne im Ganzen, als Teil einer
umfassenden Ordnung sehen und begreifen. Diese ganzheitliche Sicht der Dinge findet
– ähnlich wie bei Goethe – auch ihren Ausdruck in Humboldts geradezu literarischen,
künstlerisch wie wissenschaftlich gleichermaßen wertvollen Landschaftsbeschreibun-
gen. Und Humboldt wollte sein Wissen einsetzen zur Bildung aller, denn, so sagte er,
„mit dem Wissen kommt das Denken und mit dem Denken der Ernst und die Kraft in die
Menge." Hier zeigt sich auch seine Verbundenheit mit der Weimarer Klassik, die er selbst
ganz klar formulierte, z. B. in einem Brief an Karoline von Wolzogen vom 14. 5. 1806:

In den Wäldern des Amazonenflusses wie auf dem Rücken der hohen Anden erkannte ich,
wie von einem Hauche beseelt von Pol zu Pol nur ein Leben ausgegossen ist in Steinen, Pflanzen und Tieren und in des Menschen schwellender Brust. Überall ward ich von dem Gefühle durchdrungen, wie mächtig jene Jenaer Verhältnisse auf mich gewirkt, wie ich, durch Goethes Naturansichten gehoben, gleichsam mit neuen Organen ausgerüstet worden war.

Die Bewunderung war im übrigen durchaus gegenseitig. So berichtet Goethes Chronist Eckermann am 11.12.1826 folgendes:

Ich fand Goethe in einer sehr heiter aufgeregten Stimmung. „Alexander von Humboldt ist diesen Morgen einige Stunden bei mir gewesen", sagte er mir sehr belebt entgegen. „Was ist das für ein Mann! Ich kenne ihn so lange und doch bin ich von neuem über ihn in Erstaunen. Man kann sagen, er hat an Kenntnissen und lebendigem Wissen nicht seinesgleichen. Und eine Vielseitigkeit, wie sie mir gleichfalls noch nicht vorgekommen ist! Wohin man rührt, er ist überall zu Hause und überschüttet uns mit geistigen Schätzen. Er gleicht einem Brunnen mit vielen Röhren, wo man überall nur Gefäße unterzuhalten braucht und wo es uns immer erquicklich und unerschöpflich entgegenströmt. Er wird einige Tage hier bleiben, und ich fühle schon, es wird mir sein, als hätte ich Jahre verlebt."

Schiller, Wilhelm und Alexander von Humboldt und Goethe in Jena.
Zeichnung von Andreas Müller

JEDES ERFORSCHTE IST NUR EINE STUFE

Die amerikanische Reise hatte Humboldt ein Vermögen gekostet – 52 000 Taler. Wesentlich mehr jedoch verschlangen die 1470 Kupferstiche, die er nach seinen eigenen Zeichnungen anfertigen ließ. Zusammen mit dem Druck und dem Papier kosteten die 36 Bände seines – durchweg in französischer Sprache geschriebenen – Hauptwerks mit dem Titel *Voyages aux régions équinoxiales du Nouveau Continent* 780 000 Franken. Eine komplette Ausgabe der handkolorierten Bücher kam auf umgerechnet 2553 Preußische Taler, was einem heutigen Geldwert-Betrag von ca. 50 000 DM entspricht. So kann es nicht verwundern, dass der vormals sehr reiche Wissenschaftler in die Dienste des Königs Friedrich Wilhelm III treten musste, um dessen Berater zu werden und ihn auf diplomatischen Reisen zu begleiten – was dem liberal denkenden Menschen wiederum sehr viele höfische Neider brachte.
In den vierziger Jahren begann Humboldt, Vorlesungen an der von seinem Bruder gegründeten Universität in Berlin zu halten (im größten Saal der Stadt). Er stand in Kontakt mit den führenden Gelehrten der ganzen Welt und sprach übrigens französisch, englisch und spanisch genauso fließend wie deutsch.
Endgültigen Weltruhm erlangte er aber mit seinem mehrbändigen Werk *Kosmos*, einer geistigen Überschau über seine Entdeckungen und Erfahrungen in vier Bänden. Der erste Band erschien 1845 und war in Europa wie in Amerika eine literarische Sensation. Die Buchpakete wurden den Auslieferern aus den Händen gerissen, der Verlag wurde nahezu geplündert, weil die Auflage nicht groß genug war. Sechs Jahre später schätzte Humboldt die Gesamtauflage seines Lebenswerks auf nahezu 800 000 Exemplare. Damit war er der populärste Schriftsteller seiner Zeit. Dem *Kosmos* entstammt auch die folgende Textstelle:

◆ Höhepunkt

Durch den Glanz neuer Entdeckungen angeregt, mit Hoffnungen genährt, deren Täuschung oft spät erst eintritt, wähnt jedes Zeitalter, dem Kulminationspunkte◆ im Erkennen und Verstehen der Natur nahe gelangt zu sein. Ich bezweifle, daß bei erstem Nachdenken ein solcher Glaube den Genuß der Gegenwart wahrhaft erhöhe. Belebender und der Idee von der großen

A. v. Humboldt als Greis in
seinem Arbeitszimmer

5 Bestimmung unseres Geschlechts angemessener ist die Überzeugung, daß der eroberte Besitz nur ein sehr unbeträchtlicher Teil von dem ist, was bei fortschreitender Tätigkeit und ge-
meinsamer Ausbildung die freie Menschheit'in den kommenden Jahrhunderten erringen
wird. Jedes Erforschte ist nur eine Stufe zu etwas Höherem in dem verhängnisvollen Laufe
der Dinge.
10 Was die Fortschritte der Erkenntnis in dem 19. Jahrhundert besonders befördert und den
Hauptcharakter der Zeit gebildet hat, ist das allgemeine und erfolgreiche Bemühen, den Blick
nicht auf das Neuerrungene zu beschränken, sondern alles früher Berührte nach Maß und
Gewicht streng zu prüfen, das bloß aus Analogien Geschlossene von dem Gewissen zu sondern und so einer und derselben strengen kritischen Methode alle Teile des Wissens, physi-
15 kalische Astronomie, Studium der irdischen Naturkräfte, Theologie und Altertumskunde, zu
unterwerfen. Die Allgemeinheit eines solchen kritischen Verfahrens hat besonders dazu beigetragen, die jedesmaligen Grenzen der einzelnen Wissenschaften kenntlich zu machen, ja
die Schwäche gewisser Disziplinen aufzudecken, in denen unbegründete Meinungen als Tat-
sachen, symbolisierende Mythen unter alten Firmen als ernste Theorien auftreten. Unbe-
20 stimmtheit der Sprache, Übertragung der Nomenklatur♦ aus einer Wissenschaft in die andere haben zu irrigen Ansichten, zu täuschenden Analogien geführt. [...] Wenn die Kunst innerhalb des Zauberkreises der Einbildungskraft recht eigentlich innerhalb des Gemüts liegt,
so beruht dagegen die Erweiterung des Wissens vorzugsweise auf dem Kontakt mit der
Außenwelt. Dieser wird bei zunehmendem Völkerverkehr mannigfaltiger und inniger zu-
25 gleich. Das Erschaffen neuer Organe (Werkzeuge der Beobachtung) vermehrt die geistige,
oft auch die physische Macht des Menschen. [...] Kräfte, deren stilles Treiben in der ele-
mentarischen Natur wie in den zarten Zellen organischer Gewebe jetzt noch unseren Sinnen entgeht, werden, erkannt, benutzt, zu höherer Tätigkeit erweckt, einst in die unabseh-
bare Reihe der Mittel treten, welche der Beherrschung einzelner Naturgebiete und der le-
30 bendigeren Erkenntnis des Weltganzen näher führen.

♦ Fachbegriffe

Carl v. Linné
Georg Forster
Aimé Bonpland
Charles Darwin

1. Fassen Sie den obenstehenden Text in eigenen Worten zusammen und erörtern Sie seine
   Aktualität heute. Nehmen Sie dabei insbesondere Bezug auf den letzten Satz.
2. Humboldt in einem heutigen Genlabor/ Atomkraftwerk o. Ä. – Verfassen Sie eine Kurzge-
   schichte, ein fiktives Interview o. Ä.
3. Stellen Sie mit geeigneten Quellen aus diesem Arbeitsheft Beziehungen her zwischen den
   Ausführungen Humboldts und dem Gedankengut der Weimarer Klassik.

Das ist klassisch ...

„Mein Freund, die Zeiten der Vergangenheit
Sind uns ein Buch mit sieben Siegeln
Was Ihr den Geist der Zeiten heißt,
Das ist im Grund der Herren eigner Geist,
In dem die Zeiten sich bespiegeln."

Diese Zeilen aus Goethes *Faust* (V. 575–579) könnten als Motto über der Rezeptionsge-
schichte der Weimarer Klassik stehen. Nur zu oft wurde gerade die Literatur der Weimarer Klassik zum ideologischen Steinbruch, dem man jene Teile entnahm, die der eigenen politischen Richtung zu entsprechen schienen:

Jugend Adolf Hitlers! Auch für dich gilt heute und immerdar das Wort, daß du dir erwerben
mußt, was du dereinst besitzen willst. Das Deutsche Reich hat dich hierhergerufen, damit
auch an dieser Stätte sich dir die Größe, Weite und Tiefe Deutschlands offenbare. Du han-
delst im Sinne des Mannes, dem du dienst, wenn du den Inhalt alles dessen, was der Begriff
Weimar und Goethe umschließt, in dich aufnimmst und in deinem treuen und tapferen Herzen einschließt, damit du immer weißt, worum es geht, wenn du für Deutschland kämpfen
mußt. (Baldur von Schirach, Reichsjugendführer, 1937)

Hier wird die Weimarer Klassik zum Mittel für politische Indoktrination – und dies im
übrigen nicht nur von rechts:

Die Darstellung des Lebens und die Behandlung der Werke der großen Dichter und Schriftsteller der klassischen Zeit sind ein wichtiger Beitrag sowohl für die literaturkundliche Bildung als auch für die sozialistische Erziehung unserer Jugend, unseres Volkes.

Die Literatur gerade der Weimarer Klassik ist aber auch häufig zum Fluchtpunkt einer
„Ideologie" geworden, deren bewusst unpolitische Haltung im Grunde fast schon wieder eine sehr politische ist. Und ebenso häufig stilisierte man gerade die „Klassik" hoch
zum Kulminationspunkt deutschen Geisteslebens und nahm den Begriff „klassisch" zum
Synonym für „unübertrefflich" oder „beispielhaft". Gerade diese Entwicklung führte
andererseits häufig wieder dazu, die Epoche und ihre Vertreter von vornherein als elitär
und konservativ abzulehnen, ohne sich überhaupt näher damit befasst zu haben.

1. „Was du ererbt von deinen Vätern hast, erwirb es, um es zu besitzen" (V. 682 f.). Auf diesen Satz aus Goethes *Faust* spielt Schirach an. Was macht er daraus? – Vergleichen Sie.
2. Welche Elemente und Texte aus der Literatur der Weimarer Klassik und der Biografie ihrer
   Dichter könnten Ihrer Ansicht nach aus ihrem Zusammenhang gerissen und zur Indoktrination verwendet werden?

Symptomatisch für eine verklärende und idealisierende Rezeption der Weimarer Klassik ist die Darstellung von Goethes Tod.

Man vergleiche die beiden folgenden Texte; der linke stammt von Dr. Carl Vogel, dem behandelnden Arzt Goethes, der rechte ist aus einer bekannten Literaturgeschichte des 19. Jahrhunderts, die sich auf Augenzeugenberichte über Goethes Tod beruft. Diese stammen von Freunden der Familie Goethe, die ihrerseits natürlich Goethes Tod glorifizieren wollten. Auch von der „ersten" Zeichnung des Toten gibt es zwei Versionen; die eine zeigt ihn so, wie er wohl wirklich aussah, die andere – offizielle – ist in bezeichnenden Details geschönt:

Ein jammervoller Anblick erwartete mich. Fürchterliche Angst und Unruhe trieben den seit lange nur in gemessenster Haltung sich zu bewegen gewohnten hochbejahrten Greis mit
5 jagender Hast bald ins Bett, wo er durch jeden Augenblick veränderte Lage Linderung zu erlangen vergeblich suchte, bald auf den neben dem Bette stehenden Lehnstuhl. Der Schmerz, welcher sich mehr und mehr auf der
10 Brust festsetzte, preßte dem Gefolterten bald Stöhnen, bald lautes Geschrei aus. Die Gesichtszüge waren verzerrt, das Antlitz aschgrau, die Augen tief in ihre lividen◆ Höhlen gesunken, matt, trübe; der Blick drückte die
15 gräßlichste Todesangst aus. Der ganze eiskalte Körper triefte von Schweiß, den ungemein häufigen, schnellen und härtlichen Puls konnte man kaum fühlen; der Unterleib war sehr aufgetrieben; der Durst qualvoll.

Noch am Donnerstag, 22. März, früh 20 sprach er freundlich und heiter. Seine Schwiegertochter und seine beiden Enkel waren um ihn. Seine letzten verständlichen Worte waren: Mehr Licht! Um 10 Uhr verlor er die Sprache. Er schrieb Zei- 25 chen in die Luft, dann, als die ermattenden Arme sanken, auf die Kniee. Man bemerkte keine Spuren von Beklemmung oder Schmerz an ihm. Völlig angekleidet im Lehnstuhl sitzend, drückte er 30 sich um 11 Uhr in die Ecke des Sessels und schlummerte nach und nach ein. Er wachte nicht wieder auf. Man legte den schönen Körper, an dem gar kein Verfall zu spüren war, in Eis, um ihn bis zur Bei- 35 setzung frisch zu erhalten.

◆ fahl

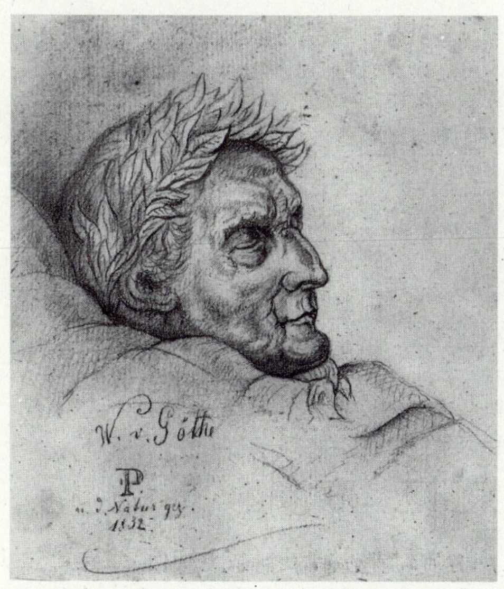

Unterdrückte erste Zeichnung des toten Goethe

Autorisierte zweite Version

1. Vergleichen Sie die beiden Beschreibungen von Goethes Tod und die beiden Zeichnungen.
2. Wie können derart unterschiedliche Überlieferungen zustande kommen? Welches Bild des toten Goethe sollte vermittelt werden? Was ist „klassisch"?

WAS IST „KLASSISCH"?

MELCHIOR: Ja, meine Aufführung war klassisch.

ZANGLER: *(in dem Zeugnis lesend)* Treu, redlich, fleißig, willig, wachsam aufs Haus, obacht-
sam auf die Kinder.

MELCHIOR: Ja, das waren klassische Bub'n […]

ZANGLER: Er ist aufgenommen.

MELCHIOR: Ich küss' die Hand.

ZANGLER: Sechs Gulden Monatslohn, Kost, Quartier, Wäsch! […]

MELCHIOR: No jetzt, Wasch' und Quartier, das ist das geringste, aber die Kost, die war halt
dort, wo ich war, klassisch. […]

ZANGLER: Übrigens, wenn Er brav is -

MELCHIOR: Klassisch!

ZANGLER: Soll Er ein' Kaffee hab'n.

MELCHIOR: Versteht sich, süß, und ein Kipfel. O, an dem Ort, wo ich war, das war ein klassischer Kaffee.

ZANGLER: Was hat Er denn immer mit dem dummen Wort klassisch?

MELCHIOR: Ah, das Wort is nit dumm, es wird nur oft dumm angewend't.

ZANGLER: Ja, das hör' ich, das muß Er ablegen, ich begreif' nicht, wie man in zwei Minuten
fünfzigmal dasselbe Wort repetieren kann.

MELCHIOR: Ja, das ist klassisch.

1. Welche Synomyme finden Sie für den Gebrauch des Wortes „klassisch" in Nestroys Posse? Was bezweckt Nestroy mit seiner Darstellung des Wortes?
2. Wie würden Sie selbst „klassisch" definieren? Was ist für Sie ein „klassisches Werk"? Ist der Begriff für Sie eher beschreibend oder normativ?

vgl. auch S. 70

In seinem Aufsatz *Literarischer Sansculottismus* zeigte Goethe die Problematik des Begriffs „klassisch" und legte dar, welche Bedingungen erfüllt sein müssten, damit es überhaupt etwas Derartiges wie einen „Klassiker" geben könne.

[…] Wer mit den Worten, deren er sich im Sprechen oder Schreiben bedient, bestimmte Begriffe zu verbinden für eine unerläßliche Pflicht hält, wird die Ausdrücke: *klassischer Autor*, *klassisches Werk* höchst selten gebrauchen. Wann und wo entsteht ein klassischer Nationalautor? Wenn er in der Geschichte seiner Nation große Begebenheiten und ihre Folgen in einer glücklichen und bedeutenden Einheit vorfindet; wenn er in den Gesinnungen seiner Landsleute Größe, in ihren Empfindungen Tiefe und in ihren Handlungen Stärke und Konsequenz nicht vermißt; wenn er selbst, vom Nationalgeiste durchdrungen, durch ein einwohnendes Genie sich fähig fühlt, mit dem Vergangnen wie mit dem Gegenwärtigen zu sympathisieren; wenn er seine Nation auf einem hohen Grade der Kultur findet, so daß ihm seine eigene Bildung leicht wird; wenn er viele Materialien gesammelt, vollkommene oder unvollkommene Versuche seiner Vorgänger vor sich sieht und so viel äußere und innere Umstände zusammentreffen, daß er kein schweres Lehrgeld zu zahlen braucht, daß er in den besten Jahren seines Lebens ein großes Werk zu übersehen, zu ordnen und in *einem* Sinne auszuführen fähig ist.

1. Wie versteht Goethe den Begriff „klassisch"? – Fertigen Sie eine gedankliche Gliederung seiner Aussagen an und schreiben Sie in eigenen Worten alle Voraussetzungen nieder, die erfüllt sein müssen, damit man von einem klassischen Nationalautor reden kann.

SUCHENDE ALS FINDENDE

Nicht nur Literaturwissenschaftler, sondern auch die Dichter späterer Epochen beurteilten die Weimarer Klassik sehr unterschiedlich. Aus der Vielzahl von Zeugnissen seien nur zwei herausgegriffen.

Der erste Text setzt bei der Fragestellung an, was die „Klassiker" für das Bildungsbürgertum bedeuten.

Was urteilt aber unsere Philisterbildung über diese Suchenden? Sie nimmt sie einfach als Findende und scheint zu vergessen, daß jene selbst sich nur als Suchende fühlten. Wir haben ja unsere Kultur, heißt es dann, denn wir haben ja unsere „Klassiker", das Fundament ist nicht nur da, nein, auch der Bau steht schon auf ihm gegründet – wir selbst sind dieser Bau. Dabei
5 greift der Philister an die eigene Stirn.

Um aber unsere Klassiker so falsch beurteilen und so beschimpfend ehren zu können, muß man sie gar nicht mehr kennen: und dies ist die allgemeine Tatsache. Denn sonst müßte man wissen, daß es nur eine Art gibt, sie zu ehren, nämlich dadurch, daß man fortfährt, in ihrem Geiste und mit ihrem Mute zu suchen, und dabei nicht müde wird. Dagegen ihnen das so
10 nachdenkliche Wort „Klassiker" anzuhängen und sich von Zeit zu Zeit einmal an ihren Werken zu „erbauen", das heißt, sich jenen matten und egoistischen Regungen überlassen, die unsere Konzertsäle und Theaterräume jedem Bezahlenden versprechen; auch wohl Bildsäulen stiften und mit ihrem Namen und Vereine bezeichnen – das alles sind nur klingende Abzahlungen, durch die der Bildungsphilister sich mit ihnen auseinandersetzt, um im übrigen
15 sie nicht mehr zu kennen, und um vor allem nicht nachfolgen und weiter suchen zu müssen.

Friedrich Nietzsche, Unzeitgemäße Betrachtungen (1873)

Im zweiten Text sieht Bertolt Brecht die Abhängigkeiten genau umgekehrt und fragt, was die „Klassiker" ohne den bürgerlichen Rezipienten wären:

Was die klassischen Stücke am Leben erhält, ist der Gebrauch, der von ihnen gemacht wird, selbst wenn es Mißbrauch ist. In den Schulstuben wird ihnen die Moral ausgequetscht; auf den Theatern geben sie die Vehikel ab für eigensüchtige Schauspieler; ehrsüchtige Hofmarschälle, gewinnsüchtige Verkäufer von Abendunterhaltung. Sie werden geplündert und kastriert: also existieren sie noch. Selbst wo sie „nur geehrt" werden, geschieht es in einer belebenden Weise; denn es kann keiner etwas ehren, ohne einen gerüttelten Teil der Ehrung für sich selber zurückzuhalten. Kurz, das Verkommen bekommt den klassischen Stücken, da nur lebt, was belebt.

Bertolt Brecht, Schriften zum Theater

1. Formen Sie Nietzsches Text in Thesen um. Dabei können Sie sich an drei Fragen orientieren: 
   – Was wollten die „Klassiker"?
   – Wie sah und sieht man sie und ihr Werk?
   – Wie sollte man sie rezipieren?
2. Inwiefern deckt sich Brechts Auffassung mit der Nietzsches und wo zeigen sich Unterschiede?
3. „Das Verkommen bekommt den klassischen Stücken, da nur lebt, was belebt." – Erläutern Sie diese Aussage und nehmen Sie Stellung dazu. 
4. Wie sollte man Ihrer Ansicht nach klassische Dramen inszenieren: eher werkgetreu oder modernisiert? 

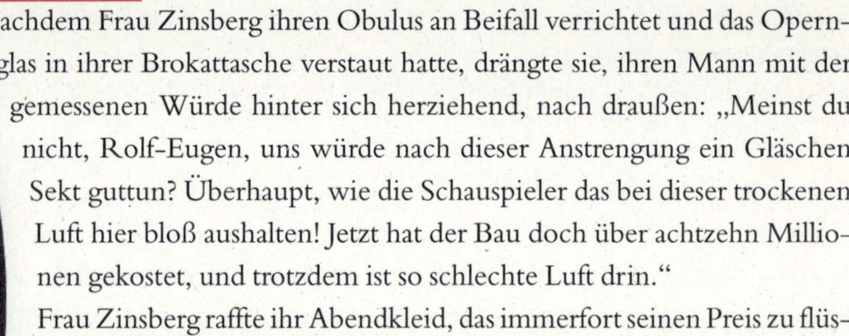

Ein großer Deutscher
Von Loriot

Nachdem Frau Zinsberg ihren Obulus an Beifall verrichtet und das Opern-
glas in ihrer Brokattasche verstaut hatte, drängte sie, ihren Mann mit der
gemessenen Würde hinter sich herziehend, nach draußen: „Meinst du
nicht, Rolf-Eugen, uns würde nach dieser Anstrengung ein Gläschen
Sekt guttun? Überhaupt, wie die Schauspieler das bei dieser trockenen 5
Luft hier bloß aushalten! Jetzt hat der Bau doch über achtzehn Millionen gekostet, und trotzdem ist so schlechte Luft drin."
Frau Zinsberg raffte ihr Abendkleid, das immerfort seinen Preis zu flüs-
tern schien, und steuerte die Bar an: „Morgen muß ich unbedingt
Clarissa anrufen und ihr von dieser unvergeßlichen Premiere erzählen. 10
Dieser Orest spielt ja süß, nur die Iphigenie könnte etwas mehr Feuer
haben, etwas stärkere Gesten, weißt du, wie die ... – wie hieß sie doch
gleich – ; na, du weißt schon, diese schottische Königin, die dann abge-
setzt wurde, oder was. - Ach, Gott, ja, mein Glas Sekt! Danke schön. – Ob
die Skontos auch da sind? Die Zahltags habe ich schon gesehen. Was glaubst 15
du wohl, was sie anhatte! Schon wieder dieses abscheuliche Smaragdgrüne mit
dem tiefen Ausschnitt… Oh, guten Abend zusammen! Eine wundervolle Inszenierung, nicht wahr? Ja, tschühüß!… Und dazu natürlich wieder das Collier, das sie von
ihrem ersten Mann – oder war's der zweite? – zum Hochzeitstag bekommen hatte. –
Sieh mal da, Rolf-Eugen! Nein, das ist ja skandalös, wie die jungen Leute heutzuta- 20
ge ins Theater gehen. Also meine Tochter dürfte so nicht einmal in den Garten. Und das noch
dazu, wenn Goethe gegeben wird. Unmöglich, so etwas! – Aber der Goethe hat schon recht:
Früher hatten die Frauen wirklich einen schweren Stand in der Gesellschaft. Vor allem, wenn
sie auf Zucht hielten, wie diese Iphigenie.
Also mir sagt das alles was. – Warum bist du denn so still, Rolf-Eugen? Erinnert dich der Tho- 25
as auch so an den alten Reichmann? Der wollte doch auch immer mit seiner Sekretärin an-
bändeln. Ist aber, glaub ich, nie etwas daraus geworden. Meinst du, der Thoas kriegt die Iphigenie noch? – Vielleicht hätten wir uns doch so einen Prospekt von der Aufführung kaufen
sollen. Ist doch immer 'was Nützliches – fürs tiefere Verständnis."
Mittlerweile hatte die Glocke schon längst zum drittenmal zur Fortsetzung der Aufführung 30
gerufen, und die Zinsbergs kamen etwas verspätet in ihre Loge, so daß sie nur noch dem Ende von Iphigenies Monolog beiwohnen konnten. Aber Frau Zinsberg mochte diese Monologe ohnehin nicht besonders. Insofern war es halb so schlimm.

1. Was kennzeichnet diesen Text als Satire und wogegen richtet er sich?
2. Schreiben Sie einen Alternativtext, in dem Sie die Rollen vertauschen, sodass dieses Mal nur
   der Mann redet. Was für einen Typ wählen Sie? Was für eine Frau begleitet ihn?
3. Spielen Sie die Szenen.
4. Stellen Sie eine gedankliche Verbindung her zu den Texten Nietzsches und Brechts (S. 81).

WEIMAR – EIN NATURSCHUTZGEBIET DES GEISTES

Ganz Weimar ist eine zur Stadt erhobene Dichterbiographie. Wer nicht zumindest
einige Werke über das Leben Goethes studiert hat, kann sich in der Stadt verirren.
Fragt man den Einheimischen, wie man ins Hotel kommt, so antwortet er, man
müsse am Wohnhaus der Frau von Stein vorüber, bei der Bank, bei der Christiane
Vulpius ihrem nachmaligen Gatten als fremdes Mädchen mit einer Bittschrift ent-
gegentrat, nach links biegen, dann geradeaus, über die Jahre 1779 und 1784 gehen,
entlang der Prosafassung der ‚Iphigenie auf Tauris‘, den zweiten Teil des ‚Faust‘
rechts und ‚Wilhelm Meisters Wanderjahre‘ links lassend, und schon sei man da,
beim Absteigequartier Zelters. […]

Die Museen – hier ist jedes Haus ein Museum oder ein Gedenkhaus – sind nur Pa-
villons des großen Museums, das Weimar heißt. Bekneifte Lehrerinnen führen
Mädchenpensionate von Vitrine zu Vitrine, Gänse schnattern, manche seufzen vor
irgendwelchen Tabellen zur ‚Farbenlehre‘ schmelzend ein „Nein, wie niedlich“,
manche kichern vor dem Bett im Sterbezimmer, was übrigens ebenso geschmack-
voll ist wie pietätvoll-ergriffenes Seufzen. Der Geschäftsreisende erklärt seinem
Ehegemahl branchekundig einige Andenken, der Gymnasiallehrer schwelgt vor jedem Zettel. Im Goethehaus am Frauenplan drängt sich die Masse der Besucher von
morgens bis abends. […] Um Schiller kümmert man sich bei weitem nicht in diesem Ausmaß; der war kein Staatsminister und kein Bürgermeistersenkel, er wurde
verscharrt, so daß man den Schädel gar nicht fand, als man ihm schließlich die ver-
spätete „Ehre“ antun wollte, ihn in der Fürstengruft neben leibhaftigen Großher-
zogen beizusetzen. Ins Nietzschearchiv oder ins Lisztmuseum kommen wenig Besucher, auch nach Andenken Herders oder Wielands forscht wohl nur der Fach-
mann. […]

Lächerlich, solch ein Geniekult, lächerlich, ein Leben in Spiritus zu konservieren,
lächerlich, die Bewohner einer Stadt zu Mitwirkenden eines beständigen Passions-
spieles zu machen. Aber unsereiner könnte sich freuen, daß man doch noch ir-
gendwo einen Dichter ehrt, indem man seinen Wohnort zu einem Sanktuarium◆ ◆ Heiligtum
weiht, wenn das Ganze nicht bloß ein Naturschutzpark wäre. Als in Amerika die
Urwälder fast überall dem Erdboden gleichgemacht, beinahe alle edlen Tiere erlegt, die Indianer mit Branntwein und Flintenkugeln nahezu ausgerottet worden
waren, zäunte man ein Stückchen ein und schuf den Yellowstonepark. Dann zeigte man ihn der Welt, zum Zeichen des pietätvollen Verständnisses, das das angeb-
lich so nüchterne Amerika der Natur entgegenbringe, und konnte ruhig den Rest
der Urwälder, der Indianer und der Tiere vernichten. Wir hingegen haben Weimar.

Egon Erwin Kisch 1926

Weimar und die Weimarer
Klassik heute.

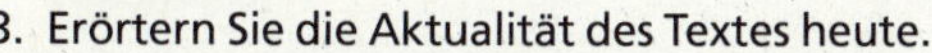

1. Erläutern Sie den letzten Satz und führen Sie den angedeuteten Gedanken zu Ende.
2. Die verschiedensten Leute lesen den Text und geben ihre Kommentare zu einzelnen Sät-
   zen: Goethe, Schiller, Ihre jetzige Deutschlehrerin/Ihr Deutschlehrer, der Bundeskanzler,
   ein damaliger Gymnasiallehrer, der damalige/ heutige Bürgermeister Weimars etc.
   Fügen Sie die Kommentare nach dem angegebenen Beispiel in Form von Sprechblasen in
   den Text ein.
3. Erörtern Sie die Aktualität des Textes heute.

Rätselhaftes

WER WAR'S?

Eine normale Schule besuchte er nie. Sein Vater, ein leidenschaftlicher Naturforscher, brachte ihm alles bei, was er seiner Ansicht nach wissen musste. Mit zwölf Jahren begleitete er seinen Vater auf eine Reise ins Innere Russlands, dann segelte er mit dem vor Alexander von Humboldt berühmtesten Forscher seiner Zeit, James Cook, um die Welt. Sein Reisebericht über diese Fahrt machte ihn berühmt. In diesem finden sich bereits kritische Passagen, die den späteren Anhänger der Französischen Revolution charakterisieren. So schreibt er z. B. über eine Begegnung mit Menschenfressern:

Wir selbst sind zwar nicht mehr Kannibalen; gleichwohl finden wir es weder grausam noch unnatürlich, zu Felde zu gehen und uns bei Tausenden die Hälse zu brechen ohne einen anderen Beweggrund als um den Ehrgeiz eines Fürsten oder die Grillen einer Mätresse zu befriedigen.

Wieder in Deutschland, arbeitete er als Übersetzer, Rezensent und Lehrer, blieb dabei aber unzufrieden: „Ich seegle um die Welt und komme nach Cassel, zwölfjährigen Rotzlöffeln ihre Muttersprache buchstabiren zu lehren […]. Ich bin immer geschäftig und komme keinen Schritt weiter."

Mehrere Reisen machten ihn vollends zu einem Kosmopoliten, der schließlich so weit ging, vor der französischen Nationalversammlung offen für die Angliederung der linksrheinischen, von den Revolutionstruppen besetzten Gebiete an die Republik zu plädieren, woraufhin über ihn die Reichsacht verhängt und auf seinen Kopf ein Preis gesetzt wurde.

Nun blieb er in Paris, erlebte den Sturz der Gironde und starb schließlich, unter den Qualen der Gicht leidend, völlig verarmt bereits als Vierzigjähriger – eine Karte von Indien auf den Knien. In seinem Aufsatz *Über die Beziehung der Staatskunst auf das Glück der Menschheit* schrieb er folgende Zeilen:

Wohlan, Ihr Fürsten und Priester! […]Anstatt uns Glück zu verheißen, laßt es eure alleinige Sorge seyn, die Hindernisse wegzuräumen, die der freien Entwicklung unserer Kräfte entgegenstehen; öffnet uns die Bahn, und wir wandeln sie, ohne Hülfe eures Treiberssteckens, an das Ziel der sittlichen Bildung; denn seht! wir empfangen Freude und Leid, unsere wahren Erzieher, aus der Mutterhand der Natur! –

1. Schreiben Sie die Quersumme des Todesjahres der betreffenden Person auf:

BILL GATES MEETS SCHILLER

Am 2. Februar 1789 schrieb Schiller an seinen Freund Körner einen Brief, der ganz bestimmt nicht für die Öffentlichkeit gedacht war, zumal ihn Schiller später, nachdem er Goethe näher kennengelernt hatte, sicher nicht mehr so geschrieben hätte. Er musste seine Meinung über Goethe im Gegenteil sehr stark revidieren. Heute, im Zeitalter der elektronischen Medien, würde Schiller seinen Brief vielleicht per Fax schicken. Dann allerdings würde er ihn wahrscheinlich ein wenig verschlüsseln; eventuell so:

Um Ihnen die Sache leichter zu machen, ist der (sehr stark gekürzte) Brief nur in kleinen Buchstaben geschrieben. Denken Sie beim Knobeln daran, dass das „e" und das „n" die am häufigsten verwendeten Buchstaben im deutschen Alphabet sind. Und noch ein Tip: Suchen Sie zuerst nach dem Wort „Goethe", dann kennen Sie schon fünf verschiedene Buchstaben. Wenn Sie das System erkannt haben, wird es Ihnen nicht schwerfallen, die Lösung zu entziffern: Die Zahl markiert das Erscheinungsdatum der <u>überarbeiteten Fassung</u> eines berühmten Gedichts. Wie heißt die Quersumme dieser Zahl?

WER ZÄHLT DIE HÄUPTER, NENNT DIE NAMEN ...

In dem folgenden Buchstabensalat verstecken sich mehrere Persönlichkeiten des klassischen Weimar.

P	V	O	S	S	C	G	S	E	R	L	K	Y
S	E	U	R	K	O	I	C	E	E	V	A	H
T	R	S	L	E	O	K	L	N	W	N	N	U
H	M	C	T	P	E	L	G	D	I	I	T	M
C	E	H	S	R	I	E	D	E	E	P	I	B
E	E	R	M	H	F	U	P	T	L	B	N	O
R	R	A	C	E	W	X	S	T	A	E	L	L
B	N	S	L	E	S	S	I	G	N	N	R	D
N	N	D	H	E	R	D	E	R	D	N	O	T

1. Welche Personen aus dem Umfeld der Weimarer Klassik finden Sie heraus?
2. Wieviele Frauen sind in dem Buchstabenrätsel genannt (es zählt der Geburtsname!)?

KENNST DU DAS BILD?

Schillers Parabeln und Rätsel stammen aus den Jahren 1802 und 1803 und waren ursprünglich als Einschübe in Schillers Bearbeitung von Gozzis Drama *Turandot* gedacht. Suchen Sie die Lösungen für die folgenden Rätsel-Gedichte:

Kennst du das Bild auf zartem Grunde,
   Es gibt sich selber Licht und Glanz.
Ein andres ist's zu jeder Stunde
   Und immer ist es frisch und ganz
5 Im engsten Raum ist's ausgeführet,
   Der kleinste Rahmen faßt es ein,
Doch alle Größe, die dich rühret,
   Kennst du durch dieses Bild allein.

Und kannst du den Kristall mir nennen,
10 Ihm gleicht an Wert kein Edelstein,
Er leuchtet ohne je zu brennen,
   Das ganze Weltall saugt er ein,
Der Himmel selbst ist abgemalet
   In seinem wundervollen Ring,
15 Und doch ist, was er von sich strahlet,
   Noch schöner als was er empfing.

Ein „heißer" Tip: Heute ist
manches anders, aber seine
Hitze ist
noch die gleiche.

Lösung:

Ich wohne in einem steinernen Haus,
   Da lieg ich verborgen und schlafe,
Doch ich trete hervor, ich eile heraus,
   Gefordert mit eiserner Waffe.
5 Erst bin ich unscheinbar und schwach und klein,
   Mich kann dein Atem bezwingen,
Ein Regentropfen schon saugt mich ein,
   Doch mir wachsen im Siege die Schwingen,
Wenn die mächtige Schwester sich zu mir gesellt,
10 Erwachs ich zum furchtbarn Gebieter der Welt.

Ich drehe mich auf einer Scheibe,
   Ich wandle ohne Rast und Ruh,
Klein ist das Feld, das ich umschreibe,
   Du deckst es mit zwei Händen zu –
Doch brauch ich viele tausend Meilen,
   Bis ich das kleine Feld durchzogen,
Flieg ich gleich fort mit Sturmeseilen,
   Und schneller als der Pfeil vom Bogen

Hilfestellung: Auch schöne Stunden
haben ihre dunklen Seiten …

1. Der Lösungsbegriff eines der Rätsel-Gedichte wurde von Goethe in einer Zeichnung festgehalten. Notieren Sie die Seitenzahl, auf der die Zeichnung in diesem Heft zu finden ist:
2. Wenn Sie nun alle Zahlen addieren, entspricht die Zehnerzahl dem Todestag, die Einerzahl dem Todesmonat eines berühmten Dichters.
        Wie heißt er? _______________

Wichtige Werke zur eigenständigen Weiterarbeit

Borchmeyer, Dieter: Weimarer Klassik. Portrait einer Epoche. Beltz Athenäum, Weinheim 1994.
Borries, Ernst und Erika von: Deutsche Literaturgeschichte, Band 3: Die Weimarer Klassik, Goethes Spätwerk. dtv 3343
Bruford, Walter H.: Die gesellschaftlichen Grundlagen der Goethezeit. Frankfurt/M, Berlin, Wien, 1975 (= Ullstein Buch 3142) ders.: Kultur und Gesellschaft im klassischen Weimar 1775–1806, Göttingen 1966 (= Sammlung Vandenhoeck)
Friedenthal, Richard: Goethe. Sein Leben und seine Zeit. München, Zürich ¹⁷1991 (= Serie Piper 248)
Lahnstein, Peter: Schillers Leben. Biographie. Paul List Verlag, München 1990.
Lange, Victor: Goethe. Stuttgart, 1992 (= RUB 8793)
Oellers, Norbert: Schiller. Stuttgart, 1993 (= RUB 8932)
Ueding, Gert: Klassik und Romantik. Deutsche Literatur im Zeitalter der französischen Revolution 1789–1815. dtv 4346 (= Hansers Sozialgeschichte der deutschen Literatur).

Bildquellenverzeichnis

S. 7 Ansicht der Stadt Weimar, Radierung von Georg Melchior Kraus, koloriert, um 1780, Archiv für Kunst und Geschichte, Berlin
S. 9 Johann Wolfgang von Goethe, Stahlstich von Carl August Schwerdgeburth, 1841, nach einer Zeichnung, 1776, von Georg Melchior Kraus, Agentur für Kunst und Geschichte, Berlin
Weimar, Goethes Gartenhaus im Park an der Ilmenau, Stahlstich, koloriert, um 1840, Archiv für Kunst und Geschichte, Berlin
S. 10 Herzog Karl August, Tuschezeichnung von Johann Heinrich Lips, 1779, Archiv für Kunst und Geschichte, Berlin
S. 11 Charlotte von Stein, Selbstbildnis, 1790, zwischen zwei Spiegeln gezeichnet, Archiv für Kunst und Geschichte, Berlin
S. 12 Dampfende Täler bei Ilmenau, Bleistift und Tuschlavierung auf Papier von Johann Wolfgang von Goethe, Archiv f. Kunst und Geschichte, Berlin
S. 14 Heutiger Blick vom Kickelhahn, Reinhard Lindenhahn, Bad Dürrheim
S. 15 Jagdhütte auf dem Kickelhahn, Reinhard Lindenhahn, Bad Dürrheim
S. 17 Süditalienische Landschaft mit einzelnem Baum, 1787, Frankfurter Goethe-Museum, Fotografin: Ursula Edelmann
S. 18 Christoph Martin Wieland, Kupferstich von Moritz Steinle, nach einem Gemälde, 1805, von Ferdinand Jagemann, Archiv für Kunst und Geschichte, Berlin
S. 19 Esel, Zeichnung von Johann Heinrich Ramberg
S. 20 Johann Gottfried Herder, Gemälde, 1796, von Johann Friedrich Tischbein, Archiv für Kunst und Geschichte, Berlin
S. 21 Friedrich von Schiller, Gemälde von Anton Graff, um 1790, Archiv für Kunst und Geschichte, Berlin
S. 23 Ludwig van Beethoven, Miniatur auf Elfenbein, 1802, von Christian Hornemann, Archiv für Kunst und Geschichte, Berlin
S. 23 Charlotte von Schiller, geb. von Lengefeld, Bleistiftzeichnung von S. Braun, Schiller-Nationalmuseum, Marbach am Necker
S. 24 Jungfer Wenzel, die Botenfrau
S. 29 Schiller auf dem Totenbett, Kreidezeichnung von Ferdinand Jagemann, 1805, Bildarchiv Preussischer Kulturbesitz, Berlin
S. 30 Wilhelm von Humboldt, Zeichnung der Gebrüder Hentschel, Schiller-Nationalmuseum, Marbach am Necker
S. 31 Goethe und Corona Schröter als Orest und Iphigenie, Radierung von Facius nach einem Gemälde von G. M. Kraus, Bildarchiv Preussischer Kulturbesitz
S. 32 Iphigenie, das Land der Griechen mit der Seele suchend, Ölgemälde von Anselm Feuerbach, Staatsgalerie Stuttgart
S. 33 Musentempel in Tiefurt bei Weimar, Stadtarchiv Weimar, Fotograf: Roland Dreßler
S. 45 Sturm auf die Bastille, Cornelsen Bildarchiv, Berlin
S. 54 Aufgehender Mond am Fluss, Johann Wolfgang von Goethe, Archiv für Kunst und Geschichte, Berlin
S. 55 Goethe-Barometer, Reinhard Lindenhahn, Bad Dürrheim
S. 56 Beziehung zwischen Laubblatt und Kronblatt bei Tulpen, Zeichnung von Johann Wolfgang von Goethe, Stiftung Weimarer Klassik, Weimar
S. 57 Zur Knochenbildung des Schädels, Feder mit Tinte, von Johann Wolfgang von Goethe, Stiftung Weimarer Klassik, Weimar
aus: Goethes Farbenlehre-Sammlung, Holzschnitt, sog. Augenvignette, Stiftung Weimarer Klassik, Weimar
S. 59 Anna Amalia, Punktierstich von B. Goepfert, Stiftung Weimarer Klassik, Weimar
S. 60 Charlotte von Stein, Kreidezeichnung von Johann Wolfgang von Goethe, Stiftung Weimarer Klassik, Weimar
S. 61 Goethe und Charlotte von Stein, Kaltnadelradierung von Karl Bauer, Stiftung Weimarer Klassik, Weimar
S. 63 links: Christiane Vulpius, Kreidezeichnung von Friedrich Bury, 1800, Stiftung Weimarer Klassik, Weimar; rechts: Johann Wolfgang Goethe, Kreidezeichnung von Friedrich Bury, 1800, Stiftung Weimarer Klassik, Weimar
S. 65 links: Charlotte von Schiller, geb. von Lengefeld, Ölgemälde von Ludovike Simanowitz, 1794, Schiller-Nationalmuseum, Marbach am Neckar; rechts: Karoline von Wolzogen, geb. von Lengefeld, Pastell von Unbekannt, Schiller-Nationalmuseum, Marbach am Neckar
S. 67 Abendkreis der Herzogin Amalie, Stahlstich von Kraus, Schiller Nationalmuseum, Marbach am Neckar
S. 68 Schuhmacherwerkstatt, Archiv für Kunst und Geschichte, Berlin
S. 69 Der Lottenbach in Weimar, Stadtarchiv Weimar
S. 72 Humboldt-Pinguin, Peter Kunz, Berlin
Lilium humboltii, Gabriele Heinisch, Berlin
Humboldt-Denkmal, Peter Kunz, Berlin
S. 73 links: Amerika, rechts: Das Kopernikanische Planetensystem, Zeichnungen des 14-jährigen A. v. Humbold, The Geographical Society, London
Aimé Bonpland, Stahlstich von A. Weger, Leipzig, um 1855, Bildarchiv Preussischer Kulturbesitz
S. 74 Cacajao, Bleistiftzeichnung eines schwarzköpfigen Äffchens von Alexander von Humboldt, Bildarchiv Preussischer Kulturbesitz
Alexander von Humboldt, Gemälde von Georg Friedrich Weitsch, 1806, Archiv für Kunst und Geschichte, Berlin
S. 75 Alexander von Humboldt und Aimé Bonpland im Tal von Tapia am Fuß des Vulkans Chiborozo, Gemälde von Friedrich Georg Weitsch, 1810, Archiv für Kunst und Geschichte, Berlin
S. 76 Schiller, Wilhelm und Alexander von Humboldt und Goethe in Jena, Zeichnung von Andreas Müller, Stiftung Weimarer Klassik, Weimar
S. 77 Alexander von Humboldt in seinem Arbeitszimmer Stadtwohnung Oranienstraße, Aquarell von Eduard Hildebrandt, Archiv für Kunst und Geschichte, Berlin
S. 79 links: Goethe auf dem Totenbett, Bleistiftzeichnung, von Friedrich Preller, Goethe-Museum Anton- u. Katharina-Kinnenberg-Stiftung, Düsseldorf, rechts: Goethe im Tode, Zeichnung von Friedrich Preller, Archiv für Geschichte und Kunst, Berlin
S. 82 Loriot-Goethe, aus: Loriot, Diogenes Verlag, Zürich 1993, Vicco v. Bülow, Ammerland
S. 84 Georg Forster, Gemälde von Johann Heinrich Wilhelm Tischbein, 1782, Archiv für Kunst und Geschichte, Berlin

Textquellenverzeichnis

S. 5 aus: Hinderer, Walter: Christoph Martin Wieland. In: Deutsche Dichter, Leben und Werk deutschsprachiger Autoren, hrsg. von Gunter E. Grimm und Frank Rainer Max, Bd. 3: Aufklärung und Empfindsamkeit, Stuttgart 1988 (= RUB 8613), S. 279 f.
S. 7 f. aus: de Staël, Germaine: Über Deutschland, Stuttgart 1980 (= RUB 1751), S. 120
S. 9 aus: Bode, Wilhelm: Goethe in vertraulichen Briefen seiner Zeitgenossen. Auch eine Lebensgeschichte. 1749–1803. Berlin 1918, S. 167.
S. 10 aus: HA, Briefe der Jahre 1764–1786 (Mandelkow) 21968, S. 205
aus: Bruford, Walter H.: Kultur und Gesellschaft im klassischen Weimar 1775–1806. Göttingen 1966, S. 101 f.
S. 10 f. aus: Bode, a.a.O., S. 175 f.
S. 11 aus: Bode, a.a.O., S. 185
Zitat aus: Stiftung Weimarer Klassik, Goethe Museum
S. 12 aus: HA, Bd. 1, S. 115
aus: Goethe und die Kunst, hrsg. von Sabine Schulze, Katalog zur gleichnamigen Ausstellung 1994, S. 119
S. 13 Text nach: HA, Bd. 1, S. 142
S. 14 ebenda
S. 15 aus: Segebrecht, Wulf: Wolfgang Goethes Gedicht „Über allen Gipfeln ist Ruh“ und seine Folgen. Zum Gebrauchswert klassischer Lyrik. Text, Materialien, Kommentar (= Reihe Hanser, Literatur-Kommentare, Bd. 11). Hanser Verlag, München, Wien 1978, S. 38
aus: HA, Briefe 1, S. 368 f.
aus: HA, Briefe 1, S. 388 f.
aus: HA, Briefe 1, S. 395
S. 16 aus: HA, Bd. 1, S. 147
aus: HA, Briefe 2, S. 78
aus: HA, Briefe 2, S. 85
S. 18 aus: Chr. M. Wieland, Aufsätze zu Literatur und Politik, hrsg. von Dieter Lohmeier, Rowohlt, Hamburg 1970 (= Rowohlts Klassiker der Literatur und Wissenschaft, Texte deutscher Literatur 1500–1800), S. 11
S. 19 aus: Chr. M. Wieland, Aufsätze, a.a.O., S. 12
S. 20 aus: Herder: Ideen zur Philosophie der Geschichte der Menschheit, Dritter Teil. Riga, Leipzig, Hartknoch 1787, S. 306.
aus: Bruford, a.o.O., S. 225, nach Herder, Sämtliche Werke (Suphan), Bd. XVIII, S. 207 f.
aus: Herder, Sämmtliche Werke, hrsg. von Bernhard Suphan, Berlin 1887, Bd. 16, S. 117
S. 21 f. aus: Echtermeyer, Deutsche Gedichte, Cornelsen 1990, S. 251 ff.

S. 23 f. aus: von Goethe, Johann Wolfgang: Glückliches Ereignis, 1817, aus: HA
S. 24 f. aus: Staiger, Emil (Hrsg.): Der Briefwechsel zwischen Schiller und Goethe, Insel Verlag, Frankfurt 1966, S. 19
Staiger, a. a. O., S. 20
S. 25 aus: Stenzel, Jürgen: Über die ästhetische Erziehung eines Tyrannen. Zu Schillers Ballade „Die Bürgschaft". In: Gedichte und Interpretationen. Klassik und Romantik. Stuttgart 1984 (= RUB 7892), S. 175
S. 26 f. aus: Echtermeyer, a. o. O., S. 289
S. 28 aus: Schiller, Friedrich: Gedichte, Erzählungen, Übersetzungen. Einmalige Sonderausgabe 1993, Artemis und Winkler, nach Winkler Verlag, München 1968, S. 210
S. 29 aus: Stiftung Weimar Klassik, Schillermuseum Weimar
S. 30 aus: von Humboldt, Wilhelm: Bericht der Sektion für Kultus und Unterricht an den König vom 1. Dezember 1809
aus: von Humboldt, Wilhelm: Ideen zu einem Versuch die Grenzen der Wirksamkeit des Staates zu bestimmen (1792)
S. 32 ff. aus: HA, Bd. 5, S. 7–67
S. 44 aus: Gräf, Hans Gerhard: Goethe über seine Dichtungen. Versuch einer Sammlung aller Äußerungen des Dichters über seine poetischen Werke. Zweiter Teil: Die dramatischen Dichtungen. Dritter Band. Darmstadt 1968, S. 270
aus: Benn, Gottfried: Dorische Welt. In: Benn, Gottfried: Gesammelte Werke, Band 3, hrsg. von Dieter Wellershoff, Limes Verlag, Zürich 1968, S. 854
S. 46 f. aus: Schiller, Friedrich. Über die ästhetische Erziehung des Menschen, aus: Schiller Briefe, Kritische Gesamtausgabe, hrsg. von F. Jonas. Stuttgart, Leipzig, Berlin, Wien. Dt. Verlagsanstalt (1882/96). Band 3, S. 709–712
S. 49 aus: Schiller, Friedrich: Sämtliche Werke in 5 Bänden, Winkler Dünndruck, München o. J., Bd. 3, S., 378 f.
S. 50 aus: Schiller, Friedrich, a. o. O., Bd. 5, S. 322 ff.
S. 52 ebenda
S. 54 aus: HA, Bd. 1, S. 245
S. 55 aus: Prooemion, HA, Bd. 13, S. 357
aus: Mannheimer Ausgabe, Bd. 12, S. 74; (= Zur Naturwissenschaft überhaupt, Bd. 1, H. 1, 1817)
S. 56 aus: HA, Bd. 13, S. 64
aus: HA, Bd 13, S. 305
S. 57 aus: HA, Bd. 13, S. 367
S. 58 aus: Heisenberg, W.: Das Naturbild Goethes und die technisch-naturwissenschaftliche Welt. In: Goethe 29, neue Folge des Jahrbuchs der Goethe-Gesellschaft, Weimar 1967, S. 41 f.
S. 60 aus: Friedenthal, Richard: Goethe. Sein Leben und seine Zeit. München, Zürich 17 1991 (=Serie Piper 248), S. 221
S. 60 f. aus: HA, Bd. 1, Gedichte und Epen I, S. 123
S. 61 aus: HA, Briefe, Bd. 1, S. 212
aus: Bruford, a. o. O., S. 164
S. 62 aus: HA, Bd.1, S. 254 f. und S. 78
S. 63 aus: Kleßmann, E.: Christiane. Goethes Geliebte und Gefährtin. Fischer, Frankfurt/M 1995, S. 174
S. 64 aus: Kleßmann, a. a. O., S. 175
aus: Kleßmann, a. a. O., S. 159 f.
S. 65 aus: Kiene, Hansjoachim: Schillers Lotte. Portrait einer Frau in ihrer Welt. Fischer, Frankfurt/M. 1996, S. 162
S. 66 aus: Kiene, a. o. O., S. 126
S. 67 aus: de Staël, Germaine, a. o. O., S. 119
S. 69 Weber, K. J., zit. nach: Eberhardt, H.: Weimar zur Goethezeit. Gesellschafts- und Wirtschaftsstruktur (= Reihe Tradition und Gegenwart; Weimarer Schriften, Heft 31, 1988), S. 26
aus: Eberhard, H., a. a. O., S. 93
S. 70 aus: Ungern-Sternberg, Wolfgang von: Schriftsteller und literarischer Markt. In: Hansers Sozialgeschichte der deutschen Literatur vom 16. Jahrhundert bis zur Gegenwart, hrsg. von Rolf Grimminger. Band 3: Deutsche Aufklärung bis zur Französischen Revolution. 1680–1789, hrsg. von Rolf Grimminger. Erster Teilband. Hanser Verlag, München 1980, S. 162 ff.
aus: Goethe, Jubiläumsausgabe, Bd. 36, S. 141 f., zitiert nach Bruford, Walter H., a. o. O., S. 301
S. 71 Zahlen aus: Haferkorn, Hans Jürgen: Lebenshaltungskosten und Einkünfte. In: Ökonomie und Literatur. Lesebuch zur Sozialgeschichte und Literatursoziologie der Aufklärung und Klassik, hrsg. von H. Ide und B. Lecke, Diesterweg, Frankfurt/M., S. 134–136 (gekürzt)
S. 74 f.: McIntyre, Loren A.: Die amerikanische Reise. Auf den Spuren Alexander von Humboldt, Gruner und Jahr, Hamburg 1990, S. 227 f.
S. 75 aus: McIntyre, a. o. O., S. 188 f.
S. 75 f. aus: Stiftung Weimarer Klassik, Goethe-Museum
S. 76 aus: von Humboldt, Alexander: Ansichten der Natur. Ein Blick in Humboldts Lebenswerk, ausgewählt und eingeleitet von Herbert Scurla. Verlag der Nation o. J., Eingangstext o. S.
S. 77 aus: von Humboldt, Alexander: Kosmos. In: A. v. Humboldt, a. a. O., S. 450
S. 78 aus: von Schirach, Baldur: Goethe an uns. Rede, gehalten am 14. Juni 1937 zur Eröffnung der Weimar-Festspiele der deutschen Jugend. Aus: Sonderdruck aus Wille und Macht, Zentralverlag der NSDAP, Berlin 1942, S. 11
aus: Kollektiv für Literaturgeschichte im volkseigenen Verlag Volk und Wissen (Hrsg.): Erläuterungen zur deutschen Literatur. Klassik, Berlin 1974, S. 5
S. 79 links: Bericht des behandelnden Arztes Dr. Carl Vogel (1832), zit. nach Friedenthal, a. o. O., S. 629
rechts: Nach Karl Goedecke (1867)
S. 80 Nestroy, Johann N.: Einen Jux will er sich machen, aus: Johann N. Nestroy: Komödien, Ausgabe in sechs Bänden, hrsg. v. Franz H. Mautner, Insel Verlag, Frankfurt/M 1979, Bd. IV, S. 92 f. S. 80 von Ungern-Sternberg, Wolfgang: a. o. O., S. 44 f.
S. 81 aus: Nietzsche, Friedrich, Unzeitgemäße Betrachtungen, erstes Stück: David Strauß der Bekenner und der Schriftsteller (1873). In: Friedrich Nietzsche: Werke in drei Bänden, hrsg. von Karl Schlechte, Bd. 1, München 1954, S. 144 f.
aus: Brecht, Bertolt, Shakespeare-Aufsätze. In: Brecht, Berthold: Schriften zum Theater, Bd. 3, hrsg. von Werner Hecht, Frankfurt/M 1963,
S. 82 Reinhard Lindenhahn
S. 83 aus: Goethe im Urteil seiner Kritiker. Dokumente zur Wirkungsgeschichte Goethes in Deutschland, Teil IV 1918–1982, hrsg. von Karl Robert Mandelkow, Beck-Verlag, München 1984, S. 49 f.
Forster, Georg: Ausgewählte Schriften, hrsg. von Rudolf Leonhard, Deutsche Buchgesellschaft GmbH Berlin, o. J., S. 131
S. 84 aus: Forster, Georg: Über die Beziehung der Staatskunst auf das Glück der Menschheit, 1793, aus: Georg Forsters Werke in vier Bänden, hrsg. von Gerhard Steiner. Insel Verlag, Frankfurt/Main 1970. S. 724 f.
S. 86 aus: Friedrich Schiller, Parabeln und Rätsel, 14. aus: Schiller, Friedrich: Gedichte, Erzählungen, Übersetzungen. Nach den Ausgaben letzter Hand unter Hinzuziehung der Erstdrucke und Handschriften. Mit Anmerkungen von Helmut Koopmann. Winkler Verlag, München 1968, Artemis und Winkler (= Einmalige Sonderausgabe 1993), S. 389 f.
aus: Schiller, Friedrich, Parabeln und Rätsel, S. 392 f.
aus: Schiller, Friedrich, Parabeln und Rätsel, S. 395 f.